Editionen für den Literaturunterricht
Herausgegeben von Thomas Kopfermann

Heimatverlust und Exil

Gedichte im Längsschnitt
und im Querschnitt der Zeit

mit Materialien,
ausgewählt von Thomas Kopfermann

W0179577

Ernst Klett Schulbuchverlag Leipzig
Leipzig Stuttgart Düsseldorf

1. Auflage   1 6 5 4 3 2 | 2008 2007 2006 2005 2004

Alle Drucke dieser Ausgabe können im Unterricht nebeneinander benutzt werden, sie sind untereinander unverändert. Die letzte Zahl bezeichnet das Jahr dieses Druckes.

Die Materialien folgen der reformierten Rechtschreibung. Ausnahmen bilden Texte, bei denen künstlerische, philologische oder lizenzrechtliche Gründe einer Änderung entgegenstehen.

Materialien: © Ernst Klett Schulbuchverlag Leipzig GmbH, Leipzig 2003
Internettadresse: http://www.klett-verlag.de
Alle Rechte vorbehalten.

Redaktion: Nicole Brandau, Gaby Leppin
Umschlaggestaltung: Sandra Schneider nach Entwürfen von MetaDesign, Berlin
Umschlagfoto: AKG Berlin
Druck: Clausen & Bosse GmbH, Leck

ISBN: 3-12-352071-4

I „wo ich im elend bin" – Horizonte und Perspektiven

Hans Sahl: Die Letzten (1973)

Wir sind die Letzten.
Fragt uns aus.
Wir sind zuständig.
Wir tragen den Zettelkasten
mit den Steckbriefen unserer Freunde   5
wie einen Bauchladen vor uns her.
Forschungsinstitute bewerben sich
um Wäscherechnungen Verschollener,
Museen bewahren die Stichworte unserer Agonie
wie Reliquien unter Glas auf.   10
Wir, die wir unsre Zeit vertrödelten,
aus begreiflichen Gründen,
sind zu Trödlern des Unbegreiflichen geworden.
Unser Schicksal steht unter Denkmalschutz.
Unser bester Kunde ist das   15
schlechte Gewissen der Nachwelt.
Greift zu, bedient euch,
Wir sind die Letzten.
Fragt uns aus.
Wir sind zuständig.   20

Hans Sahl: Wir sind die Letzten. Gedichte. Lambert Schneider Verlag, Heidelberg 1986, S. 13.

3

137. Psalm – Klage der Gefangenen in Babylon

An den Wassern zu Babel sassen wir / vnd weineten / Wenn wir an Zion gedachten. //

²Vnsere Harffen hiengen wir an die Weiden / Die drinnen sind.

³Denn daselbs hiessen vns singen / die vns gefangen hielten / vnd in vnserm heulen frölich sein / Lieber / Singet vns ein Lied von Zion.

⁴Wie solten wir des HERRN Lied singen / Jn frembden Landen?

⁵VErgesse ich dein Jerusalem / So werde meiner Rechten vergessen.

⁶Meine Zunge müsse an meinem gaumen kleben / wo ich dein nicht gedencke / Wo ich nicht lasse Jerusalem meine höchste freude sein.

⁷HERR gedencke der kinder Edom am tage Jerusalem / Die da sagen / Rein abe / rein abe / bis auff jren boden.

⁸Du verstörete tochter Babel / Wol dem der dir vergelte / wie du vns gethan hast.

Martin Luther: Die gantze Heilige Schrift. Wittenberg 1545.

An den Flüssen Babylons
saßen wir und weinten,
jedes Mal wenn wir an Zion dachten.
[2]Unsere Harfen hingen dort an den Weiden;
wir mochten nicht mehr auf ihnen spielen.
[3]Doch die Feinde, die uns unterdrückten,
die uns verschleppt hatten aus der Heimat,
verlangten von uns auch noch Jubellieder.
„Singt uns ein Lied vom Zion!", sagten sie.
[4]Fern vom Tempel, im fremden Land –
wie konnten wir da Lieder singen
zum Preis des HERRN?
[5]Jerusalem, wenn ich dich je vergesse,
dann soll mir die rechte Hand verdorren!
[6]Die Zunge soll mir am Gaumen festwachsen,
wenn ich aufhöre, an dich zu denken,
wenn ich irgendetwas lieber habe,
lieber als dich, Jerusalem!
[7]HERR, vergiss nicht,
was die Edomiter taten,
als Jerusalem in die Hand der Feinde fiel,
wie sie schrien:
„Reißt sie nieder, die Stadt!
Reißt sie nieder bis auf den Grund!"
[8]Babylon, auch du wirst bald verwüstet!
Gott segne den, der dir heimzahlt,
was du uns angetan hast!

Altes und Neues Testament. Deutsche Bibelgesellschaft, Stuttgart 1997, S. 590.

Unbekannter Verfasser:
Innsbruck, ich muss dich lassen[1] (1539)

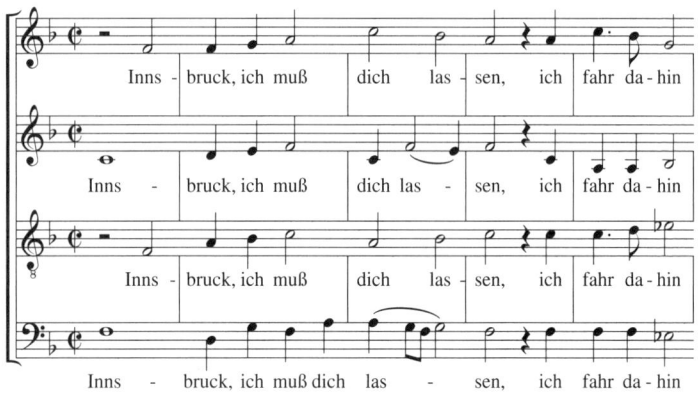

---

1 *Das Lied gab es schon im 15. Jahrhundert; dies ist die Fassung des frühesten Drucks; vertont von Heinrich Isaac (um 1450–1517), niederländischer Komponist und Organist in Florenz, Hofkomponist von Maximilian I.*

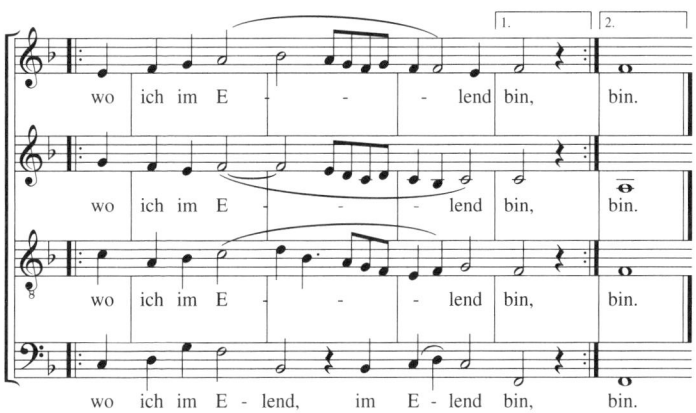

Jsbruck ich muß dich lassen / ich far do hin mein strassen / in fremde landt do hin / mein freud ist mir genomen / die ich nit weiß bekummen[2] / wo ich im elend[3] bin.

Groß leid muß ich yetz tragen / das ich allein thu klagen / dem liebsten bůlen mein / ach lieb nun laß mich armen / im hertzen dein erbarmen / das ich muß von dannen sein.

Meyn trost ob allen weyben / dein thu ich ewig pleyben / stet trew der eren frumm[4] / nun muß dich Gott bewaren / in aller thugent sparen[5] / biß das ich wider kumm.

Deutsche Lyrik von den Anfängen bis zur Gegenwart. Band 3: Gedichte 1500–1600. dtv, München 1978/2001, S. 137.

---

2 *die ich nicht zu erlangen weiß*
3 *Fremde*
4 *ehrenhaft*
5 *erhalten, bewahren*

Andreas Gryphius: Threnen des Vatterlandes Anno 1636

Wir sindt doch nuhmer gantz / ja mehr den gantz verheret!
   Der frechen völcker schaar / die rasende posaun
   Das vom blutt fette schwerdt / die donnernde Carthaun[1]
Hatt aller schweis / vnd fleis / vnd vorraht auff gezehret.
Die türme stehn in glutt / die Kirch ist vmbgekehret.
   Das Rahthaus ligt im graus / die starcken sind zerhawn.
   Die Jungfrawn sindt geschändt / vnd wo wir hin nur schawn
Jst fewer / pest / vnd todt der hertz vndt geist durchfehret.
   Hier durch die schantz[2] vnd Stadt / rint alzeit frisches blutt.
   Dreymall sindt schon sechs jahr als vnser ströme flutt
Von so viel leichen schwer / sich langsam fortgedrungen.

   Doch schweig ich noch von dem was ärger als der todt.
   Was grimmer den die pest / vndt glutt vndt hungers noth
Das nun der Selen schatz / so vielen abgezwungen.

Deutsche Lyrik. Band 4: Gedichte 1600–1700, a.a.O., S. 144f.

---

1 *schweres Geschütz*
2 *(milit.) Stützpunkt in Feldbefestigungen*

Joseph Schaitberger (1731)

1. Ich bin ein armer Exulant
– Also muss ich mich schreiben –
Man tut mich aus dem Vaterland[1]
Um Gottes Wort vertreiben.

2. Doch weiß ich wohl, Herr Jesu mein,
Es ist dir auch so gangen.
Jetzt soll ich dein Nachfolger sein;
Mach's, Herr, nach dei'm Verlangen!

3. Ein Pilgrim bin ich auch nunmehr,
Muss reisen fremde Straßen.
Drum bitt ich dich, mein Gott und Herr,
Du wollst mich nicht verlassen.

[...]

9. Muss ich gleich in das Elend fort,
So will ich mich nicht wehren.
Ich hoffe doch, Gott wird mir dort
Auch gute Freund' bescheren.

10. Nun will ich fort in Gottes Nam;
Alles ist mir genommen.
Doch weiß ich schon: die Himmelskron
Werd ich einmal bekommen.

11. So geh ich heut von meinem Haus;
Die Kinder muss ich lassen.
Mein Gott! das treibt mir Tränen aus
Zu wandern fremde Straßen.

---

1 *aus dem Salzburgischen, aus dem der Verfasser schon 1686 vertrieben worden war. Das Lied galt den 1731 vom Erzbischof Firmian vertriebenen Protestanten.*

12. Ach führ mich, Gott, in eine Stadt,
Wo ich dein Wort kann haben!
Damit will ich mich früh und spat
In meinem Herzen laben.

13. Soll ich in diesem Jammertal
Noch lang in Armut leben,
Gott wird mir dort im Himmelssaal
Ein' bessre Wohnung geben.

14. Wer dieses Liedlein hat gemacht,
Der wird hier nicht genennet.
Des Papstes Lehr hat er veracht't
Und Christum frei bekennet.

Deutsche Lyrik. Band 5: Gedichte 1700–1770, a. a. O., S. 144 ff.

Anselm Feuerbach: Iphigenie (1862)

Johann Wolfgang von Goethe: Iphigenie auf Tauris (1786/1787)

Ein Schauspiel

Personen

Iphigenie
Thoas, König der Taurier
Orest
Pylades
Arkas

Schauplatz: Hain, vor Dianens Tempel.

ERSTER AUFZUG

ERSTER AUFTRITT

IPHIGENIE: Heraus in eure Schatten, rege Wipfel
   Des alten, heilgen, dicht belaubten Haines,
   Wie in der Göttin stilles Heiligtum,
   Tret ich noch jetzt mit schauderndem Gefühl,
   Als wenn ich sie zum ersten Mal beträte   5
   Und es gewöhnt sich nicht mein Geist hierher.
   So manches Jahr bewahrt mich hier verborgen
   Ein hoher Wille dem ich mich ergebe;
   Doch immer bin ich, wie im ersten, fremd.
   Denn ach mich trennt das Meer von den Geliebten   10
   Und an dem Ufer steh ich lange Tage,
   Das Land der Griechen mit der Seele suchend,
   Und gegen meine Seufzer bringt die Welle
   Nur dumpfe Töne brausend mir herüber.
   Weh dem der fern von Eltern und Geschwistern   15
   Ein einsam Leben führt! Ihm zehrt der Gram
   Das nächste Glück vor seinen Lippen weg.
   Ihm schwärmen abwärts immer die Gedanken
   Nach seines Vaters Hallen wo die Sonne
   Zuerst den Himmel vor ihm aufschloss, wo   20
   Sich Mitgeborne spielend fest und fester
   Mit sanften Banden aneinander knüpften.
   Ich rechte mit den Göttern nicht; allein
   Der Frauen Zustand ist beklagenswert.
   Zu Haus und in dem Kriege herrscht der Mann   25
   Und in der Fremde weiß er sich zu helfen.
   Ihn freuet der Besitz, ihn krönt der Sieg,
   Ein ehrenvoller Tod ist ihm bereitet.
   Wie eng gebunden ist des Weibes Glück!
   Schon einem rauhen Gatten zu gehorchen   30
   Ist Pflicht und Trost, wie elend wenn sie gar
   Ein feindlich Schicksal in die Ferne treibt.
   So hält mich Thoas hier, ein edler Mann,

In ernsten heilgen Sklavenbanden fest.
35 O wie beschämt gesteh ich dass ich dir
Mit stillem Widerwillen diene, Göttin
Dir meiner Retterin! mein Leben sollte
Zu freiem Dienste dir gewidmet sein.
Auch hab ich stets auf dich gehofft und hoffe
40 Noch jetzt auf dich Diana, die du mich
Des größten Königes verstoßne Tochter
In deinen heilgen, sanften Arm genommen.
Ja Tochter Zeus', wenn du den hohen Mann,
Den du die Tochter fordernd ängstigtest,
45 Wenn du den göttergleichen Agamemnon,
Der dir sein Liebstes zum Altare brachte,
Von Trojas umgewandten Mauern rühmlich
Nach seinem Vaterland zurückbegleitet,
Die Gattin ihm, Elektren und den Sohn,
50 Die schönen Schätze, wohl erhalten hast;
So gib auch mich den Meinen endlich wieder,
Und rette mich die du vom Tod errettet
Auch von dem Leben hier, dem zweiten Tode.

Goethes Werke in 14 Bänden, Band V. C. H. Beck Verlag, München.

Ingeborg Bachmann: Exil (1957)

Ein Toter bin ich der wandelt
gemeldet nirgends mehr
unbekannt im Reich des Präfekten
überzählig in den goldenen Städten
und im grünenden Land 5

abgetan lange schon
und mit nichts bedacht

Nur mit Wind mit Zeit und mit Klang

der ich unter Menschen nicht leben kann

Ich mit der deutschen Sprache 10
dieser Wolke um mich
die ich halte als Haus
treibe durch alle Sprachen

O wie sie sich verfinstert
die dunklen die Regentöne 15
nur die wenigen fallen

In hellere Zonen trägt dann sie den Toten hinauf

*Ingeborg Bachmann: Gesammelte Werke, Bd. 1. Piper Verlag, München 1975,
S. 153.*

II Exil-Geschichten: Gedichte als Gedächtnis der Geschichte – Längsschnitt

1 „die fremde, republikanische Erde" – Exil im 19. Jahrhundert

Das Kaplied[1] (1787)
Text unbekannt
Melodie: Christian Friedrich Daniel Schubart

Lebt wohl, ihr Brü - der,— le - bet wohl! Der
Ab - schieds - tag— ist— da. Schwer liegt er auf der
See - le— schwer, wir geh'n jetzt ü - ber Land und Meer, hin
nach A - me - ri - ka, hin nach A - me - ri - ka.

Auf, auf! ihr Brüder und seid stark,
  Der Abschiedstag ist da!
Schwer liegt er auf der Seele, schwer!
Wir sollen über Land und Meer
5 Ins heiße Afrika.

---

1 Im Jahre 1787 verkaufte Karl Eugen von Württemberg 3200 seiner Soldaten an die Holländisch-Ostindische Kompanie. Die Soldaten wurden zum Kap an der Südspitze Afrikas verschifft und kämpften dort gegen Eingeborene. Nur wenige von ihnen kehrten in die Heimat zurück.
Schubart war von Karl Eugen zehn Jahre lang widerrechtlich auf der Feste Asperg inhaftiert gewesen. Als er von den verkauften Landsleuten erfuhr, schrieb er, noch in Haft, dieses Lied. Wie aus zeitgenössischen Berichten hervorgeht, war das Lied kurz nach seinem Erscheinen schon allgemein bekannt.

Ein dichter Kreis von Lieben steht,
  Ihr Brüder, um uns her;
Uns knüpft so manches teure Band
An unser deutsches Vaterland,
  Drum fällt der Abschied schwer.   10

Dem bieten graue Eltern noch
  Zum letzten Mal die Hand;
Den kosen Bruder, Schwester, Freund;
Und alles schweigt, und alles weint,
  Totblass von uns gewandt.   15

Und wie ein Geist schlingt um den Hals
  Das Liebchen sich herum:
Willst mich verlassen, liebes Herz,
Auf ewig? und der bittre Schmerz
  Macht's arme Liebchen stumm.   20

Ist hart! drum wirble du, Tambour,
  Den Generalmarsch drein.
Der Abschied macht uns sonst zu weich,
Wir weinten kleinen Kindern gleich;
  Es muss geschieden sein.   25

Lebt wohl, ihr Freunde! Sehn wir uns
  Vielleicht zum letzten Mal;
So denkt, nicht für die kurze Zeit,
Freundschaft ist für die Ewigkeit,
  Und Gott ist überall.   30
An Deutschlands Grenze füllen wir
  Mit Erde unsre Hand,
Und küssen sie, das sei der Dank
Für deine Pflege, Speis und Trank,
  Du liebes Vaterland!   35

Wenn dann die Meereswoge sich
   An unsern Schiffen bricht,
So segeln wir gelassen fort;
Denn Gott ist hier und Gott ist dort,
40   Und der verlässt uns nicht!

Und ha, wenn sich der Tafelberg
   Aus blauen Düften hebt,
So strecken wir empor die Hand,
Und jauchzen: Land! ihr Brüder, Land!
45   Dass unser Schiff erbebt.

Und wenn Soldat und Offizier
   Gesund ans Ufer springt,
Dann jubeln wir, ihr Brüder, ha!
Nun sind wir ja in Afrika.
50   Und alles dankt und singt.

Wir leben drauf in fernem Land
   Als Deutsche brav und gut.
Und sagen soll man weit und breit,
Die Deutschen sind doch brave Leut,
55   Sie haben Geist und Mut.

Und trinken auf dem Hoffnungskap
   Wir seinen Götterwein;
So denken wir, von Sehnsucht weich,
Ihr fernen Freunde, dann an euch;
60   Und Tränen fließen drein.

Wilfried Schoeller: Schubart. Klaus Wagenbach Verlag, Berlin 1979, S. 111f.

Heinrich Heine:
Erinnerung aus Krähwinkels Schreckenstagen
(1853/1854)

Wir, Bürgermeister und Senat,
Wir haben folgendes Mandat
Stadtväterlichst an alle Klassen
Der treuen Bürgerschaft erlassen:

Ausländer, Fremde, sind es meist,   5
Die unter uns gesät den Geist
Der Rebellion. Dergleichen Sünder,
Gottlob! sind selten Landeskinder.

Auch Gottesleugner sind es meist;
Wer sich von seinem Gotte reißt,   10
Wird endlich auch abtrünnig werden
Von seinen irdischen Behörden.

Der Obrigkeit gehorchen, ist
Die erste Pflicht für Jud und Christ.
Es schließe jeder seine Bude,   15
Sobald es dunkelt, Christ und Jude.

Wo ihrer drei beisammenstehn,
Da soll man auseinander gehn.
Des Nachts soll niemand auf den Gassen
Sich ohne Leuchte sehen lassen.   20

Es liefre seine Waffen aus
Ein jeder in dem Gildenhaus;
Auch Munition von jeder Sorte
Wird deponiert am selben Orte.

25 Wer auf der Straße räsoniert,
Wird unverzüglich füsiliert;
Das Räsonieren durch Gebärden
Soll gleichfalls hart bestrafet werden.

Vertrauet eurem Magistrat,
30 Der fromm und liebend schützt den Staat
Durch huldreich hochwohlweises Walten;
Euch ziemt es, stets das Maul zu halten.

Heinrich Heine: Werke in 5 Bänden. Bd. 1: Gedichte 1853–1856. Aufbau Verlag, Berlin 1968, S. 363f.

Heinrich Heine: Nachtgedanken (1843)

Denk ich an Deutschland in der Nacht,
Dann bin ich um den Schlaf gebracht,
Ich kann nicht mehr die Augen schließen,
Und meine heißen Tränen fließen.

5 Die Jahre kommen und vergehn!
Seit ich die Mutter nicht gesehn,
Zwölf Jahre sind schon hingegangen;
Es wächst mein Sehnen und Verlangen.

Mein Sehnen und Verlangen wächst,
10 Die alte Frau hat mich behext,
Ich denke immer an die alte,
Die alte Frau, die Gott erhalte!

Die alte Frau hat mich so lieb,
Und in den Briefen, die sie schrieb,
15 Seh ich, wie ihre Hand gezittert,
Wie tief das Mutterherz erschüttert.

Die Mutter liegt mir stets im Sinn.
Zwölf lange Jahre flossen hin,
Zwölf lange Jahre sind verflossen,
Seit ich sie nicht ans Herz geschlossen.   20

Deutschland hat ewigen Bestand,
Es ist ein kerngesundes Land;
Mit seinen Eichen, seinen Linden
Werd ich es immer wieder finden.

Nach Deutschland lechzt ich nicht so sehr,   25
Wenn nicht die Mutter dorten wär;
Das Vaterland wird nie verderben,
Jedoch die alte Frau kann sterben.

Seit ich das Land verlassen hab,
So viele sanken dort ins Grab,   30
Die ich geliebt – wenn ich sie zähle,
So will verbluten meine Seele.

Und zählen muss ich – Mit der Zahl
Schwillt immer höher meine Qual,
Mir ist, als wälzten sich die Leichen   35
Auf meine Brust – Gottlob! sie weichen!

Gottlob! durch meine Fenster bricht
Französisch heitres Tageslicht;
Es kommt mein Weib, schön wie der Morgen,
Und lächelt fort die deutschen Sorgen.   40

*Heinrich Heine: Werke in 5 Bänden. Bd. 1: Gedichte. Aufbau Verlag, Berlin 1968,
S. 162 f.*

Heinrich Heine:
Deutschland – ein Wintermärchen (1844)

Caput I

Im traurigen Monat November war's;
Die Tage wurden trüber,
Der Wind riss von den Bäumen das Laub,
Da reist ich nach Deutschland hinüber.

5 Und als ich an die Grenze kam,
Da fühlt ich ein stärkeres Klopfen
In meiner Brust, ich glaube sogar,
Die Augen begunnen zu tropfen.

Und als ich die deutsche Sprache vernahm;
10 Da ward mir seltsam zumute:
Ich meinte nicht anders, als ob das Herz
Recht angenehm verblute.

Ein kleines Harfenmädchen sang.
Sie sang mit wahrem Gefühle
15 Und falscher Stimme, doch ward ich sehr
Gerühret von ihrem Spiele.

Sie sang von Liebe und Liebesgram,
Aufopfrung und Wiederfinden
Dort oben, in jener besseren Welt,
20 Wo alle Leiden schwinden.

Sie sang vom irdischen Jammertal,
Von Freuden, die bald zerronnen,
Vom Jenseits, wo die Seele schwelgt
Verklärt in ew'gen Wonnen.

Sie sang das alte Entsagungslied,   25
Das Eiapopeia vom Himmel,
Womit man einlullt, wenn es greint,
Das Volk, den großen Lümmel.

Ich kenne die Weise, ich kenne den Text;
Ich kenn auch die Herren Verfasser;   30
Ich weiß, sie tranken heimlich Wein
Und predigten öffentlich Wasser.

Ein neues Lied, ein besseres Lied,
O Freunde, will ich euch dichten!
Wir wollen hier auf Erden schon   35
Das Himmelreich errichten.

Wir wollen auf Erden glücklich sein,
Und wollen nicht mehr darben;
Verschlemmen soll nicht der faule Bauch,
Was fleißige Hände erwarben.   40

Es wächst hienieden Brot genug
Für alle Menschenkinder,
Auch Rosen und Myrten, Schönheit und Lust,
Und Zuckererbsen nicht minder.

Ja, Zuckererbsen für jedermann,   45
Sobald die Schoten platzen!
Den Himmel überlassen wir
Den Engeln und den Spatzen.

Caput XXIV

[...]
Doch sprich, wie kam der Gedanke dir,
Zu reisen nach dem Norden
In solcher Jahreszeit? Das Wetter ist
5 Schon winterlich geworden!

Oh, meine Göttin! – erwiderte ich –
Es schlafen tief im Grunde
Des Menschenherzens Gedanken, die oft
Erwachen zur unrechten Stunde.

10 Es ging mir äußerlich ziemlich gut,
Doch innerlich war ich beklommen,
Und die Beklemmnis täglich wuchs –
Ich hatte das Heimweh bekommen.

Die sonst so leichte französische Luft,
15 Sie fing mich an zu drücken;
Ich musste Atem schöpfen hier
In Deutschland, um nicht zu ersticken.

Ich sehnte mich nach Torfgeruch,
Nach deutschem Tabaksdampfe;
20 Es bebte mein Fuß vor Ungeduld,
Dass er deutschen Boden stampfe.

[...]
Ich wollte weinen, wo ich einst
Geweint die bittersten Tränen –
25 Ich glaube, Vaterlandsliebe nennt
Man dieses törichte Sehnen.

Ich spreche nicht gern davon; es ist
Nur eine Krankheit im Grunde.
Verschämten Gemütes, verberge ich stets
30 Dem Publiko meine Wunde.

Fatal ist mir das Lumpenpack,
Das, um die Herzen zu rühren,
Den Patriotismus trägt zur Schau
Mit allen seinen Geschwüren.

Schamlose schäbige Bettler sind's,   35
Almosen wollen sie haben –
Ein'n Pfennig Popularität
Für Menzel[1] und seine Schwaben!

*Heinrich Heine: Werke in 5 Bänden. Bd. 2. Aufbau Verlag, Berlin 1968, S. 94 f.,
S. 152 f.*

Georg Herwegh: Heimweh (1843)

O Land, das mich so gastlich aufgenommen,
O rebenlaubumkränzter, stolzer Fluss –
Kaum bin ich eurer Schwelle nah gekommen,
Klingt schon mein Gruß herb wie ein Scheidegruß.
Was soll dem Auge eure Schönheit frommen,   5
Wenn diese arme Seele betteln muss?
Er ist so kalt, der fremde Sonnenschein;
Ich möchte, ja ich möcht zu Hause sein!

Die Schwalben seh ich schon im stillen Flug
Die Häuser – nur das meine nicht – umschweben;   10
O warme Luft, und doch nicht warm genug,
Verpflanzte Blumen wieder zu beleben!
Der Baum, der seine jungen Sprossen schlug,
Was wird dem Fremdling er im Herbste geben?
Vielleicht ein Kreuz und einen Totenschrein –   15
Mich friert, mich friert! ich möcht zu Hause sein! –

Georg Herwegh: Werke. Aufbau Verlag, Berlin 1975, S. 105.

---

1 *Wolfgang Menzel, geb. 1798 in Schlesien, gest. 1873 in Stuttgart; 1820–1824 als
   burschenschaftlicher Flüchtling in die Schweiz, seit 1825 in Stuttgart; Herausge-
   ber des „Literaturblatts".*

Ferdinand Freiligrath: Springer (1846)

Epilog des Dichters

Kein besser Schachbrett als die Welt:
zur Limmat rück ich von der Schelde!
Ihr sprengt mich wohl von Feld zu Feld,
doch schlagt ihr mich nicht aus dem Felde!

5 So ist es eben in dem Schach
der Freien wider die Despoten:
Zug über Zug und Schlag auf Schlag,
und Ruh wird keine nicht geboten!

Mir ist, als müsst ich auch von hier
10 den Stab noch in die Weite setzen;
als würden auch aus Tells Revier
die Launen dieses Spiels mich hetzen!

Ich bin bereit! Noch braust das Meer
um Norwegs freie Bauernstätten;
15 noch rasselt es von Frankreich her,
wie Klirren von gebrochnen Ketten!

Kein flüchtig Haupt hat Engelland
von seiner Schwelle noch gewiesen;
noch winkt mir eine Freundeshand
20 nach des Ohio lust'gen Wiesen!

Von Dorf zu Dorf, von Stadt zu Stadt,
von Land zu Land – mich schiert es wenig!
Kein Zug des Schicksals setzt mich matt –
Matt werden kann ja nur der König!

Ferdinand Freiligrath: Werke. Aufbau Verlag, Berlin 1976, S. 96.

2 „Vertriebene sind wir, Verbannte" – Exil im Dritten Reich

Bertolt Brecht: Svendborger Gedichte (VI)

Du der du, sitzend im Buge des Bootes
Siehest am unteren Ende das Leck
Wende lieber den Blick nicht weg
Denn du bist nicht aus dem Auge des Todes.

B. Brecht: Über die Bezeichnung Emigranten (1937)

Immer fand ich den Namen falsch, den man uns gab: Emigranten.
Das heißt doch Auswandrer. Aber wir
Wanderten doch nicht aus, nach freiem Entschluß
Wählend ein andres Land. Wanderten wir doch auch nicht
Ein in ein Land, dort zu bleiben, womöglich für immer.   5
Sondern wir flohen. Vertriebene sind wir, Verbannte.
Und kein Heim, ein Exil soll das Land sein, das uns da aufnahm.

Unruhig sitzen wir so, möglichst nahe den Grenzen
Wartend des Tags der Rückkehr, jede kleinste Veränderung
Jenseits der Grenze beobachtend, jeden Ankömmling   10
Eifrig befragend, nichts vergessend und nichts aufgebend
Und auch verzeihend nichts, was geschah, nichts verzeihend.
Ach, die Stille der Sunde täuscht uns nicht! Wir hören die Schreie

Aus ihren Lagern bis hierher. Sind wir doch selber
Fast wie Gerüchte von Untaten, die da entkamen   15
Über die Grenzen. Jeder von uns
Der mit zerrissenen Schuhn durch die Menge geht
Zeugt von der Schande, die jetzt unser Land befleckt.
Aber keiner von uns
Wird hier bleiben. Das letzte Wort   20
Ist noch nicht gesprochen.

Bertolt Brecht: Große kommentierte Berliner und Frankfurter Ausgabe in 12 Bänden. Gedichte 2. Suhrkamp Verlag, Frankfurt/M. 1988, S. 81.

Bertolt Brecht – ein lyrisches Exil-Biogramm

Gedanken über die Dauer des Exils (um 1937)

I
Schlage keinen Nagel in die Wand
Wirf den Rock auf den Stuhl.
Warum versorgen für vier Tage?
Du kehrst morgen zurück.

5 Laß den kleinen Baum ohne Wasser.
Wozu noch einen Baum pflanzen?
Bevor er so hoch wie eine Stufe ist
Gehst du froh weg von hier.

Zieh die Mütze ins Gesicht, wenn Leute vorbeigehn!
10 Wozu in einer fremden Grammatik blättern?
Die Nachricht, die dich heimruft
Ist in bekannter Sprache geschrieben.

So wie der Kalk vom Gebälk blättert
(Tue nichts dagegen!)
15 Wird der Zaun der Gewalt zermorschen
Der an der Grenze aufgerichtet ist
Gegen die Gerechtigkeit.

II
Sieh den Nagel in der Wand, den du eingeschlagen hast:
Wann, glaubst du, wirst du zurückkehren?
20 Willst du wissen, was du im Innersten glaubst?

Tag um Tag
Arbeitest du an der Befreiung
Sitzend in der Kammer schreibst du.
Willst du wissen, was du von deiner Arbeit hältst?
25 Sieh den kleinen Kastanienbaum im Eck des Hofes
Zu dem du die Kanne voll Wasser schlepptest!

Bertolt Brecht: Zufluchtsstätte (1937)

Ein Ruder liegt auf dem Dach. Ein mittlerer Wind
Wird das Stroh nicht wegtragen.
Im Hof für die Schaukel der Kinder sind
Pfähle eingeschlagen.
Die Post kommt zweimal hin
Wo die Briefe willkommen wären.
Den Sund herunter kommen die Fähren.
Das Haus hat vier Türen, daraus zu fliehn.

Große Berliner Ausgabe, a. a. O., S. 83.

Bertolt Brecht: Frühling (1938)

In den Weiden am Sund
Ruft in diesen Frühjahrsnächten oft das Käuzlein.
Nach dem Aberglauben der Bauern
Setzt das Käuzlein die Menschen davon in Kenntnis.

Daß sie nicht lang leben. Mich
Der ich weiß, daß ich die Wahrheit gesagt habe
Über die Herrschenden, braucht der Totenvogel davon
Nicht erst in Kenntnis zu setzen.

ebenda, S. 95 f.

29

Bertolt Brecht: 1940

1
Das Frühjahr kommt. Die linden Winde
Befreien die Schären vom Wintereis.
Die Völker des Nordens erwarten zitternd
Die Schlachtflotten des Anstreichers.

[...]

5
Ich befinde mich auf dem Inselchen Lidingö.
Aber neulich nachts
Träumte ich schwer und träumte, ich war in einer Stadt
Und entdeckte, die Beschriftungen der Straßen
Waren deutsch. In Schweiß gebadet
Erwachte ich und mit Erleichterung
Sah ich die nachtschwarze Föhre vor dem Fenster und wußte:
Ich war in der Fremde.

[...]

8
Auf der Flucht vor meinen Landsleuten
Bin ich nun nach Finnland gelangt. Freunde
Die ich gestern nicht kannte, stellten ein paar Betten
In saubere Zimmer. Im Lautsprecher
Höre ich die Siegesmeldungen des Abschaums. Neugierig
Betrachte ich die Karte des Erdteils. Hoch oben in Lappland
Nach dem Nördlichen Eismeer zu
Sehe ich noch eine kleine Tür.

ebenda, S. 96, 98

Bertolt Brecht: Hollywoodelegien (1942)

DIE STADT IST NACH DEN ENGELN GENANNT
Und man begegnet allenthalben Engeln.
Sie riechen nach Öl und tragen goldene Pessare
Und mit blauen Ringen um die Augen
Füttern sie allmorgendlich die Schreiber in ihren Schwimm-
pfühlen.

JEDEN MORGEN, MEIN BROT ZU VERDIENEN
Fahre ich zum Markt, wo Lügen gekauft werden.
Hoffnungsvoll
Reihe ich mich ein unter die Verkäufer.

Bertolt Brecht: Die Rückkehr (1944)

Die Vaterstadt, wie find ich sie doch?
Folgend den Bomberschwärmen
Komm ich nach Haus.
Wo denn liegt sie? Wo die ungeheueren
Gebirge von Rauch stehn.
Das in den Feuern dort
Ist sie.

Die Vaterstadt, wie empfängt sie mich wohl?
Vor mir kommen die Bomber. Tödliche Schwärme
Melden euch meine Rückkehr. Feuersbrünste
Gehen dem Sohn voraus.

ebenda, S. 116, 125

Rose Ausländer: Biographische Notiz (1976)

Ich rede
von der brennenden Nacht
die gelöscht hat
der Pruth

von Trauerweiden
Blutbuchen
verstummtem Nachtigallgesang

vom gelben Stern
auf dem wir
stündlich starben
in der Galgenzeit

nicht über Rosen
red ich

Fliegend
auf einer Luftschaukel
Europa Amerika Europa

ich wohne nicht
ich lebe

Rose Ausländer: Gesammelte Werke in 7 Bänden. Hrsg. von Helmut Braun. Bd. 4: Im Aschenregen die Spur deines Namens. S. Fischer Verlag, Frankfurt/M. 1984, S. 212.

Heimatlos (1985)

Mit meinem Seidenkoffer
reise ich in die Welt
Ein Land nüchtern
eines toll
Die Wahl fällt mir schwer

ich bleibe heimatlos

Rose Ausländer: Gesammelte Werke. Bd. 7: Und preise die kühlende Liebe der Luft. Gedichte 1983–87. S. Fischer Verlag, Frankfurt/M 1988, S. 66.

Daheim (1980)

In der Fremde
daheim

Land meiner Muttersprache
sündiges büßendes Land
ich wählte dich
als meine Wohnung
Heimatfremde

wo ich viele
fremde Freunde
liebe

Rose Ausländer: Gesammelte Werke. Bd. 6: Wieder ein Tag aus Glut und Wind. Gedichte 1980–82. S. Fischer Verlag, Frankfurt/M. 1986, S. 27.

Berthold Viertel: Die deutsche Sprache (1941)

Dass ich bei Tag und Nacht
In dieser Sprache schreibe,
Ihr treuer als der Freundschaft und dem Weibe,
Es wird mir viel verdacht.

5 Ob, was ich sage, sie erröten macht,
Weil ich im zornigen Bescheide
Die Wahrheit nicht vermeide
Und nicht in fremde Tracht
Mein Herz verkleide:
10 Sie bleibt die alte doch in ihrer Pracht.

Hat sie mich leiden auch gemacht,
Ich tu ihr nichts zuleide.
Sie hat im Ausland oft die Nacht
Mit mir durchwacht,
15 Sie weiß, dass ich der Schurken keinen um die Macht,
Der sie geschändet, je beneide.

Wir tragen lieber unseres Unglücks Fracht
Und wirken, dass sie menschenwürdig bleibe.
Dann kommt sie, mich zu trösten, sacht
20 Und wundert sich, wie ich es treibe,
Dass ich im Glauben, in der Hoffnung bleibe,
Obwohl ich weiter in ihr schreibe.

Berthold Viertel: Das graue Tuch. Gedichte der Studienausgabe in 4 Bänden. Bd. 3. Verlag für Gesellschaftskritik, Wien, S. 177 f.

Nelly Sachs (1959)

WIE VIELE HEIMATLÄNDER
spielen Karten in den Lüften
wenn der Flüchtling durchs Geheimnis geht

wie viel schlafende Musik
im Gehölz der Zweige   5
wo der Wind einsam
den Geburtenhelfer spielt.

Blitzgeöffnet
sät
Buchstaben-Springwurzelwald   10
in verschlingende Empfängnis
Gottes erstes Wort.

Schicksal zuckt
in den blutbefahrenen Meridianen einer Hand –

Alles endlos ist   15
und an Strahlen
einer Ferne aufgehängt –

Nelly Sachs: Fahrt ins Staublose. Die Gedichte der Nelly Sachs. Suhrkamp Verlag,
Frankfurt/M. 1961, S. 313.

Hilde Domin: Tokaidoexpress[1] (1964)

Wie ein Tokaidoexpress
sind wir durch die Geschichte gefahren
und kaum noch zu sehen
Ich rede in der Vergangenheitsform
5 während ich atme sehe ich mir nach
ich bin das Rücklicht
Als Rücklicht
leuchte ich vor euch her
euch Dichtern eines vielleicht zweifachen
10 Zuhauses
des Bodens auf dem ihr bleiben dürft
euer Land wird immer größer werden
wenn die Erdoberfläche sich zusammenzieht
und die Grenzen zurückweichen
15 unter den Flügeln der Menschen
ihr könnt gehen und doch bleiben
und im Worte wohnen
vielleicht im Worte vieler Sprachen zugleich
doch im deutschen zuerst
20 im deutschen
an dem wir uns festhielten
Ich der Letzte
kämpfe für euch alle
um den Stempel in diesem Pass
25 um unsern Wohnsitz im deutschen
Wort

Hilde Domin: Gesammelte Gedichte. S. Fischer Verlag, Frankfurt/M. 1987, S. 349.

---

1 *Bahnlinie in Japan am Meer entlang von Tokio bis Nagoja, von dort ins Binnen-
land nach Kyoto*

Erich Fried: Exil (1946)

Auch dies: Es hat mich ja als Kind vertrieben.
Sechs Jahre Fremde bleichen jedes Wort.
Und was die Tinte schreibt, bleibt hingeschrieben.

Die Berge aber sind daheim geblieben!
Der Stallgeruch, der an den Hang gebaute Ort,
der Wildbach und das Mundartwort,
die Stadt und, auf dem Friedhof schon, die Lieben:
Sie warten alle. – Ich nur, ich bin fort.

*Erich Fried: Gesammelte Werke. Hrsg. Volker Kaukoreit/Klaus Wagenbach.
Gedichte 1. Klaus Wagenbach Verlag, Berlin 1993, S. 41.*

3 „Meine mögliche Heimat" – Literarische Exil-Verarbeitung nach 1945

Volker Braun: Gdánsk (1974)

Meine mögliche Heimat
Deren Milch mich nicht wusch
Die habe ich nicht verloren:
Hier lande ich glücklich an
5 An Portalen und Spindeltreppen
Quer aus kaschubischer Kornsteppe
In die Langgassen, und lege ankernd
Meine Glieder in die steinernen
Höfe

10 Wo die Schmalhäuser ragen
Filmkulissen, unwirklich
Vor dem blassen Himmel, die berühmten
Giebelketten fabrikneu en gros
Um den Hals der Stadt montiert
15 Koloriertes Märchen –
Welche Laute hier, welch Volk
Von Prinzen und Segelstickern
Und woher die verwunschene
Küste geschwemmt?

20 An den alten Fleck:
Rechtstadt, Fischmarkt, Königlicher Weg
Gegen das aufräumende Meer
Gebaut mit Zartsinn
Der Welt vier schönsten (Humboldt)
25 *Städte eine*, Danzig, deutsch
Bis in die Schlüssellöcher, sich selber
Aus dem Gesicht geschnitten, unglaublich
Und steinhart:
Gdánsk. Und hinter den Wänden
30 Seh ich, selber betroffen

Zerschmettert alles, und laufe
Zurück in den rauchenden Schutt, Feuer
Auf meinen Händen, im Nacken
Schüsse, unter den Knien der Donner der Küste.
Und die Front schließt sich um meine Brust.   35
Und Wand um Wand stürzt die
Stadt in die Geschichte.

182 Männer
Major Henryk Sucharski
Vergraben in die Westerplatte   40
Zerbombt sieben Tage, länger
Standhaltend als ganz Polen, gegen die
Grölende Stadt. *Wenn doch*
Rückkehrte unsres Sarmatiens goldene
Zeit! (König Zygmunt August-Statue.   45
Zerschossen.)

Und die Fassaden wirklich
Und leuchtend, seh ich, gebaut
Gegen die aufräumende
Zeit, mit Zartsinn   50
Von herlaufenden Polen. Die haben sich
Den Fleck erworben endlich
Eine Heimat

Möglich für manchen und mich.
Ich gehe plötzlich   55
Am Grunde des Märchens
Das ich sage, in der zukünftigen Welt
Aus Arbeit vieler. Jedem gehörig
Ihr Glanz, und lege die Hand an den Stein
Und die Glieder in die schattenden Zimmer   60
Und rede zu vielen
Mit einer männlichen Freude.

Volker Braun: Gegen die symmetrische Welt. Suhrkamp Verlag, Frankfurt/M. 1974.

Jürgen Becker: Besuch im Exil (1983)

[...]
Vor dem Fenster steht dichter Nebel. Unaufhörlich schlägt eine
Glocke. Komm heim; aber wenn du den Weg nicht findest, bleib
wo du bist.

5 Im Raum liegen Äpfel. Je nach Lage, die ich in Abständen verän-
dere, entstehen Entfernungen, die ich hin und her gehend ver-
messe. Am Ende verfüge ich über ein Maß, das den Raum größer
macht, als er ist. In Zeit übersetzt, bin ich unterwegs auf einer
sehr langen Reise.

10 Flachliegend befinde ich mich in einer Ebene, die von der
Deckenlampe schattenlos beleuchtet wird. Indem ich das Bein
hebe und den Fuß in Richtung Lampe halte, gewinnt mein Ge-
sicht eine Fußbreite Schatten.

Die Brücke des Sommers reicht noch bis zur Küste.
15 Ein weißes Gewölk, dieser Bogen, der auf unseren Hügeln be-
ginnt. Der Aufenthalt geht weiter mit der Besiedlung baumloser
Flächen.
Das Land fährt seine Zungen aus, beharrlich und vergeblich.
Die Mitsprache der Gezeiten lässt keine Himmelsrichtung aus.
20 Die Dämmerung, steigt sie von unten nach oben, verharrt noch
einmal in Augenhöhe.
Dann wechselt der Sand seine Haut, bleibt bis zum Morgen lie-
gen, grau und hart.
Die blaue Scheibe der Luft bricht zuerst.
25 Der Wind wird stärker und nimmt die trudelnden Geschosse auf.
Hinter den Dünen liegt ein alter Krieg; wann geht es weiter.
Längst ist das Rauschen aus den Muscheln gesprungen.
Matrosen reiten übers Bett.
Ganze Flottillen kreuzen im Speichel.
30 Jedes Wetter greift nach verbliebenen Fahnen.
Nicht mehr zuständig sind die Landkartenzeichen; sie rufen: hier
geben wir auf.

In hellen Nächten segelt eine Generation Emigranten vorüber.
Keinen Strandkorb hat die Erinnerung verschont.   35
Am nächsten Schirm, der vorbeizieht, hängt ein Spaziergänger
dran.
Der ewige Hunger der Möwen ist ein schönes Drama der Luft.
Sekundenlang behält die höchste Welle die Krone.
In lichter Ferne wandert eine Explosion heran.   40
Das Meer zaubert plötzlich Wälder hervor.
Einmal am Tag lässt es Gärten zurück.
Im Sand zeichnen Veteranen ein Seegefecht auf.
Im Schutz der Algen ruht die unbekannte Beute.
Nach langer Brutzeit kriechen aus ihren Nestern die jungen   45
Piraten.
Glitzernd im Mondlicht tauchen die Wracks auf; in jeder Welle
spiegelt sich das Gesicht einer schwebenden Seele.

Das Zimmer hebt und senkt sich; ich taumele von Wand zu
Wand.   50
Einmal schrammt die Tür über die Dächer der Muscheln, und im
Fenster erscheint ein komplettes Sternbild. Dann poltern gegen
die Tür die Brocken eines Satelliten, und das Fenster wird
schwarz vom Schrecken des Tintenfisches. Draußen schlägt regel-
mäßig wieder die Glocke; aber ringsum ist kein Nebel in Sicht.
                                                                   55
Noch gestern hieß es, dass vorläufig nichts geschieht.
[...]

Jürgen Becker: Die Tür zum Meer. Suhrkamp Verlag, Frankfurt/M. 1983, S. 122.

4 Emigration – Migration: Exil in Deutschland

Abdolreza Madjderey

geb. 1940 im Iran
seit 1959 in der Bundesrepublik Deutschland

Emigration

In den Hinterhöfen der deutschen Sprache
Habe ich die Werkstatt meiner Träume
Untergebracht,
untergetaucht als Emigrant,
5   höre nur ferne Bratschen,
die der Wind bringt
zwischen Blättern
meines Traumbaumes
und
10 die Worte bleiben im Käfig
des Fernseins.

Niemand käfigt sich
Freiwillig.

Niemand ist als Emigrant geboren.

42

Sprachnomadenleben

Wenn die Sprachwolkenzüge
meinen Traumhimmel verdunkeln,
wenn die Satzbäume entblättert
auf Invasion des Winters warten,
ziehe ich mit meiner Bibliothek   5
Richtung sonnengetünchtem Süden,
überwintere in Rosengärten von Schiraz,
trinke mit Hafez, tanze mit Chaiyam
und schlafe auf handgewebten Wortteppichen
bunt.   10

Dann …

Wenn mein Blut zu sieden beginnt,
Herz und Hirn zu ersticken drohen,
Wortfeldbrandungen sich ausbreiten,
habe ich Sehnsucht nach dem milden Tübingen,   15
augustgrünem Dichterstreit
und nach Ilse Benn,
die mir manchmal von ihrem Gottfried erzählt.

Irmgard Ackermann/Harald Weinrich (Hrsg.): Eine nicht nur deutsche Literatur.
Piper Verlag, München 1986, S. 163.

Franco Biondi

geb. 1947 in Forli (Italien)
seit 1965 in der Bundesrepublik Deutschland

Sprachfelder

In meinem Kopf
haben sich
die Grenzen zweier Sprachen
verwischt

doch
zwischen mir
und mir
verläuft noch
der Trennzaun
der Wunden zurücklässt

jedes Mal
wenn ich ihn öffne

Ackermann/Weinrich (Hrsg.), a. a. O., S. 115

Tryphon Papastamatelos

geb. in Griechenland
seit 1966 in der Bundesrepublik Deutschland

sprach-barriere

ich will mit dir
reden
doch ich kann meine
gedanken
nur in eine sprache
bringen
die mir fremd ist
und die du nicht verstehst
schmerzt es dich eigentlich
wenn ich zu dir
wie zu einem kind
rede
das noch nicht sprechen
kann

F. Biondi/J. Naoum/R. Schami/S. Taufiqu (Hrsg.): Im neuen Land. Südwind. Gastarbeiter in Deutschland, Bd. 1. CON, Bremen 1980.

Aras Ören

geb. 1939 in Istanbul
seit 1969 in der Bundesrepublik Deutschland, schreibt türkisch

Die Straßen von Kreuzberg (1970)

Tief ausgeschabte
lange Gräben,
in die kaum Sonnenlicht fällt,
das sind die Straßen von Kreuzberg.

5 Dicke Frauen
mit blauen aufgeplatzten Krampfadern,
Gemüsekörbe schleppend,
tagaus tagein unterwegs.

Ein Besoffener schreit, zwei Kinder lachen,
10 drei Türken spucken auf den Gehsteig.

Der freien Marktwirtschaft
fiel vor Zeiten die Freiheit zum Opfer
in einer Hölle aus Zahnrädern, Stechuhren, Fließbändern.

In diesen Straßen
15 leben die Leute mit einem Kapital gleich Null,
ihr Schweigen ist durchsichtig
wie Glas, wenn sie
das verdammte Dasein
mit Alkohol herunterspülen.

20 Ein Besoffener schreit, zwei Kinder lachen,
drei Türken spucken auf den Gehsteig.

Aras Ören: Mitten in der Odyssee. Gedichte. Aus dem Türkischen von Gisela Kraft. S. Fischer Verlag, Frankfurt/M. 1983. Lizenzausgabe: Claassen Verlag, Düsseldorf 1980, S. 14f.

5   „Teils – teils" – Deutschlands neues Wintermärchen

Gottfried Benn: Teils – teils (1954)

In meinem Elternhaus hingen keine Gainsboroughs
wurde auch kein Chopin gespielt
ganz amusisches Gedankenleben
mein Vater war einmal im Theater gewesen
Anfang des Jahrhunderts   5
Wildenbruchs „Haubenlerche"
davon zehrten wir
das war alles.

Nun längst zu Ende
graue Herzen, graue Haare   10
der Garten in polnischem Besitz
die Gräber teils – teils
aber alle slawisch,
Oder-Neiße-Linie
für Sarginhalte ohne Belang   15
die Kinder denken an sie
die Gatten auch noch eine Weile
teils – teils
bis sie weitermüssen
Sela, Psalmenende.   20

Heute noch in einer Großstadtnacht
Caféterrasse
Sommersterne,
vom Nebentisch
Hotelqualitäten in Frankfurt   25

Vergleiche,
die Damen unbefriedigt
wenn ihre Sehnsucht Gewicht hätte
wöge jede drei Zentner.

30 Aber ein Fluidum! Heiße Nacht
  à la Reiseprospekt und
  die Ladies treten aus ihren Bildern:
  unwahrscheinliche Beauties
  langbeinig, hoher Wasserfall
35 über ihre Hingabe kann man sich gar nicht erlauben
  nachzudenken.

  Ehepaare fallen demgegenüber ab,
  kommen nicht an, Bälle gehn ins Netz,
  er raucht, sie dreht ihre Ringe,
40 überhaupt nachdenkenswert
  Verhältnis von Ehe und Mannesschaffen
  Lähmung oder Hochtrieb.

  Fragen, Fragen! Erinnerungen in einer Sommernacht
  hingeblinzelt, hingestrichen,
45 in meinem Elternhaus hingen keine Gainsboroughs
  nun alles abgesunken
  teils – teils das Ganze
  Sela, Psalmenende.

  Gottfried Benn: Sämtliche Gedichte. Verlag Klett-Cotta, Stuttgart 1998.

Wolf Biermann: Deutschland – ein Wintermärchen (1972)

Kapitel I
Im deutschen Dezember floss die Spree
Von Ost- nach Westberlin
Da schwamm ich mit der Eisenbahn
5 Hoch über die Mauer hin

  Da schwebte ich leicht übern Drahtverhau
  Und über die Bluthunde hin
  Das ging mir so seltsam ins Gemüt
  Und bitter auch durch den Sinn

48

Das ging mir so bitter in das Herz 10
– Da unten, die treuen Genossen –
So mancher, der diesen gleichen Weg
Zu Fuß ging, wurde erschossen

Manch einer warf sein junges Fleisch
In Drahtverhau und Minenfeld 15
Durchlöchert läuft der Eimer aus
Wenn die MP von hinten bellt

Nicht jeder ist so gut gebaut
Wie der Franzose Franz Villon
Der kam in dem bekannten Lied 20
Mit Rotweinflecken davon

Ich dachte auch kurz an meinen Cousin
Den frechen Heinrich Heine
Der kam von Frankreich über die Grenz
Beim alten Vater Rheine 25

Ich musste auch denken, was allerhand
In gut hundert Jahren passiert ist
Dass Deutschland inzwischen glorreich geeint
Und nun schon wieder halbiert ist

Na und? Die ganze Welt hat sich 30
In Ost und West gespalten
Doch Deutschland hat – wie immer auch –
Die Position gehalten:

Die Position als Arsch der Welt
Sehr fett und sehr gewichtig 35
Die Haare in der Kerbe sind
Aus Stacheldraht, versteht sich

Dass selbst das Loch – ich mein' Berlin –
In sich gespalten ist
40 Da haben wir die Biologie
Beschämt durch Menschenwitz

Und wenn den großen Herrn der Welt
Der Magen drückt und kneift
Dann knallt und stinkt es ekelhaft
45 In Deutschland. Ihr begreift:

Ein jeder Teil der Welt hat so
Sein Teil vom deutschen Steiß
Der größre Teil ist Westdeutschland
Mit gutem Grund, ich weiß.

50 Die deutschen Exkremente sind
Dass es uns nicht geniert
In Westdeutschland mit deutschem Fleiß
poliert und parfümiert

Was nie ein Alchemist erreicht
55 – Sie haben es geschafft
Aus deutscher Scheiße haben sie
Sich hartes Gold gemacht

Die DDR, mein Vaterland
Ist sauber immerhin
60 Die Wiederkehr der Nazizeit
Ist absolut nicht drin

So gründlich haben wir geschrubbt
Mit Stalins hartem Besen
Dass rot verschrammt der Hintern ist
65 Der vorher braun gewesen

Wolf Biermann: Nachlass 1. Verlag Kiepenheuer & Witsch, Köln 1977, S. 89 f.

Peter Huchel: Exil (1965)

Am Abend nahen die Freunde,
die Schatten der Hügel.
Sie treten langsam über die Schwelle,
verdunkeln das Salz,
verdunkeln das Brot   5
und führen Gespräche mit meinem Schweigen.

Draußen im Ahorn
regt sich der Wind:
Meine Schwester, das Regenwasser
in kalkiger Mulde,   10
gefangen
blickt sie den Wolken nach.

Geh mit dem Wind,
sagen die Schatten.
Der Sommer legt dir   15
die eiserne Sichel aufs Herz.
Geh fort, bevor im Ahornblatt
das Stigma des Herbstes brennt.

Sei getreu, sagt der Stein.
Die dämmernde Frühe   20
hebt an, wo Licht und Laub
ineinander wohnen
und das Gesicht
in einer Flamme vergeht.

Peter Huchel: Gezählte Tage. Suhrkamp Verlag, Frankfurt/M. 1972, S. 11.

III „Am Tag meines Fortgehns" – Gedichte im Querschnitt der Zeit

1 „Heimatmaladie" – Heimat, Heimkehr als literarisches Motiv

Peter Huchel (1972)

AM TAGE MEINES FORTGEHNS
entweichen die Dohlen
durchs glitzernde Netz der Mücken.

Am Acker klebt
5 der Rauch des Güterzuges,
der Himmel regenzwirnig,
dann grau gewalkt,
ein schweres Tuch,
niedergezogen
10 von der nassen Fahrspur.

Namen,
vernarbt und überwuchert
von neuen Zellen,
wie die verzerrte Schrift
15 im Baum –
ein eisiger Hauch
fegt über die Tenne der Worte.
Die Mittagsdistel erlosch
im heuigen Licht der Scheune.

Die leichte Dünung   20
wehender Gräser
verebbt an den Steinen.
Gealtert
geht das Jahr
mit stumpfer Axt, ein Tagelöhner,   25
auf den Spuren des Dachses
über die Hügel davon.
Die Leere saust
in den lehmigen Löchern
der Uferschwalben.   30

Peter Huchel: Gezählte Tage. Gedichte. Suhrkamp Verlag, Frankfurt/M. 1972, S. 87 f.

Michael Bauer: Heimatmaladie (1997)

Solang noch drunten drunten ist –
Solang noch ewiglich was immern sollt –
Solang noch der Pirol (,) die Amsel schlägt –
Solang soll kein –
Solang soll mir –

So lang ich immer zu.

Michael Bauer: Heimatmaladie. Gedichte. Gollenstein Verlag, Blieskastel 1997, S. 10.

Friedrich Hölderlin: Rückkehr in die Heimat (1800–1805)

Ihr milden Lüfte! Boten Italiens!
  Und du mit deinen Pappeln, geliebter Strom!
    Ihr wogenden Gebirg! o all ihr
      Sonnigen Gipfel, so seid ihrs wieder?

5 Du stiller Ort! in Träumen erschienst du fern
    Nach hoffnungslosem Tage dem Sehnenden,
      Und du mein Haus, und ihr Gespielen,
        Bäume des Hügels, ihr wohlbekannten!

Wie lang ists, o wie lange! des Kindes Ruh
10   Ist hin, und hin ist Jugend und Lieb' und Lust;
      Doch du, mein Vaterland! du heilig-
        Duldendes! siehe, du bist geblieben.

Und darum, dass sie dulden mit dir, mit dir
    Sich freun, erziehst du, teures! die Deinen auch
15   Und mahnst in Träumen, wenn sie ferne
      Schweifen und irren, die Ungetreuen.

Und wenn im heißen Busen dem Jünglinge
    Die eigenmächt'gen Wünsche besänftiget
      Und stille vor dem Schicksal sind, dann
20   Gibt der Geläuterte dir sich lieber.

Lebt wohl dann, Jugendtage, du Rosenpfad
    Der Lieb', und all' ihr Pfade des Wanderers,
      Lebt wohl! und nimm und segne du mein
        Leben, o Himmel der Heimat, wieder!

Friedrich Hölderlin: Sämtliche Werke. Bd. 1: Gedichte. Hrsg. Jochen Schmidt. Deutscher Klassikerverlag, Frankfurt/M. 1992, S. 252.

Günter Kunert: Heimkunft (1970)

Was für ein Land ist das
das wie nirgendwo ist
besonders in den nächtlichen Grotten
vereinsamter Bahnhöfe.
Viel zu wenig Licht. Viel zu viel   5
Regen.
Habt ihr jemals beobachtet
wie sie den Abteilen entsteigen
enttäuscht über die Ankunft:
Wieder nichts als Kälte und Nässe   10
als Dunkel und Rauch.
Wieder nichts. Wieder ein Traum
misslungen.
Schon stolpern sie
über den eigenen Schatten davon   15
von keiner Penelope erwartet
in den Hades ihrer endgültigen
Heimat.

Günter Kunert: Gedichte. Hanser Verlag, München 1970, S. 241.

Johannes Bobrowski: Heimweg (1960)

Blau.
Die Lüfte.
Der hohe Baum,
den der Reiher umfliegt.
5 Und das Haus,
einst, wo nun der Wald
herabkommt,
klein und weiß
das Haus, und der grüne Schimmer,
10 ein Weidenblatt.

Wind. Er hat mich geführt.
Vor der Schwelle lag ich.
Er hat mich bedeckt. Wohin
sollt ich ihm folgen? Ich hab
15 Flügel nicht. Meine Mütze
abends
warf ich den Vögeln zu.

Dämmrung. Die Fledermäuse
fahren ums Haupt mir. Das Ruder
20 zerbrochen, so werd ich nicht sinken, ich gehe
über den Strom.

Johannes Bobrowski: Gesammelte Werke in 6 Bänden. Band 1: Die Gedichte.
DVA, Stuttgart 1998.

Erich Fried: Heimkehr (1967)

Der Wald
  Ein baumlanger Mensch
voll Harzgeruch
Harz
das tropft in die Kannen   5
  in der Wach-Stube
  voll
  von verrauchtem
  Schweiß
  und saurem Tabak   10
die Wipfel hoch
an der Sonne
  beugt sich nieder
  zu mir
  und grinst   15

Heimatwald
Wald meiner Kindheit
  Ganz recht so
  Kleiner!
so bin ich wiedergekommen   20
in diese Berge
  so ist dein Vater hin
  ein Jud weniger
  nicht wahr?
Nach all den Jahren   25
der Harzgeruch
wie er war
  Ich schweige und gehe
Ich gehe und schweige
nach all den Jahren   30

Erich Fried: Gesammelte Werke. Hrsg. Volker Kaukoreit/Klaus Wagenbach. Gedichte 1. Klaus Wagenbach Verlag, Berlin 1993, S. 426.

Nelly Sachs (1949)

O DIE HEIMATLOSEN FARBEN des Abendhimmels!
O die Blüten des Sterbens in den Wolken
wie der Neugeborenen Verbleichen!

O der Schwalben Rätselfragen
5 an das Geheimnis –
der Möven entmenschter Schrei
aus der Schöpfungszeit –

Woher wir Übriggebliebenen aus Sternverdunkelung?
Woher wir mit dem Licht über dem Haupte
10 dessen Schatten Tod uns anmalt?

Die Zeit rauscht von unserem Heimweh
wie eine Muschel

und das Feuer in der Tiefe der Erde
15 weiß schon um unseren Zerfall. –

AUF DEN LANDSTRASSEN der Erde
liegen die Kinder
mit den Wurzeln
aus der Muttererde gerissen.
5 Das Licht der erloschenen Liebe
ist ihrer Hand entfallen
deren Leere sich mit Wind füllt.

Wenn der Vater aller Waisen,
der Abend, mit ihnen
10 aus allen Wunden blutet
und ihre zitternden Schatten
die herzzerreißende Angst
ihrer Leiber abmalen –

fallen sie plötzlich hinab in die Nacht
wie in den Tod. 15
Aber im Schmerzgebirge der Morgendämmerung
sterben ihnen Vater und Mutter
wieder und immer wieder.

Nelly Sachs: Fahrt ins Staublose. Die Gedichte der Nelly Sachs. Suhrkamp Verlag, Frankfurt/M. 1961, S. 117 und 116.

Paul Celan: Heimkehr (1959)

Schneefall, dichter und dichter,
taubenfarben, wie gestern,
Schneefall, als schliefst du auch jetzt noch.

Weithin gelagertes Weiß.
Drüberhin, endlos, 5
die Schlittenspur des Verlornen.

Darunter, geborgen,
stülpt sich empor,
was den Augen so weh tut,
Hügel um Hügel, 10
unsichtbar.

Auf jedem,
heimgeholt in sein Heute,
ein ins Stumme entglittenes Ich:
hölzern, ein Pflock. 15

Dort: ein Gefühl,
vom Eiswind herübergeweht,
das sein tauben-, sein schnee-
farbenes Fahnentuch festmacht.

Paul Celan: Gesammelte Werke. Bd. 1 Hrsg. Beda Allemann/Stefan Reichert. Suhrkamp Verlag, Frankfurt/M. 1986, S. 156.

Hans Franck: Heimat (1937)

Und ließest du die Heimat auch,
weltwärts gewendet das Gesicht,
kannst scheiden dich von Baum und Strauch,
von deiner Heimat nicht.

5 Sie ist von dir so sehr ein Teil
wie Mutter, Vater, Weib und Kind,
die nicht von dir geschieden, weil
sie fortgegangen sind.

Vertriebest du aus deinem Tag
10 herzlos die Heimat Stück für Stück,
des Nachts, in deines Herzens Schlag,
kehrt sie als Traum zurück.

Sie ist in deinem letzten Hauch,
ist in dem Blick, der dir zerbricht.
15 Denn ließest du die Heimat auch,
die Heimat läßt dich nicht.

Hans Franck: Die Ernte der Gegenwart. Deutsche Lyrik von heute. Gesammelt von Will Vesper. Verlag Langenwiesche-Brandt, München 1940, S. 108.

2 Heimat als Utopie –
Gegenbilder: Heimat und Fremde

Clemens Brentano: In der Fremde (1811)

Weit bin ich einhergezogen
Über Berg und über Thal
Und der treue Himmelsbogen
Er umgiebt mich überall.

Unter Eichen, unter Buchen   5
An dem wilden Wasserfall
Muss ich nun die Heimat suchen
Bei der lieb Frau Nachtigall

Die im brünst'gem Abendliede
Ihre Gäste wohl bedenckt   10
Biß sich Schlaf und Traum und Friede
Auf die müde Seele senckt.

Und ich hör dieselben Klagen
Und ich hör dieselbe Lust
Und ich fühl das Herz mir schlagen   15
Hier wie dort in meiner Brust

Aus dem Fluss, der mir zu Füßen
Spielt mit freudigem Gebraus
Mich dieselben Sterne grüßen
Und so bin ich hier zu hauß.   20
[…]

Clemens Brentano: Gesammelte Werke. Band 1. Insel Verlag, Frankfurt/M. 1923,
S. 122.

Georg Trakl: In der Heimat (1913)

Resedenduft durchs kranke Fenster irrt,
Ein alter Platz, Kastanien schwarz und wüst.
Das Dach durchbricht ein goldner Strahl und fließt
Auf die Geschwister traumhaft und verwirrt.

5 Im Spülicht treibt Verfallnes, leise girrt
Der Föhn im braunen Gärtchen; sehr still genießt
Ihr Gold die Sonnenblume und zerfließt.
Durch blaue Luft der Ruf der Wache klirrt.

Resedenduft. Die Mauern dämmern kahl.
10 Der Schwester Schlaf ist schwer. Der Nachtwind wühlt
In ihrem Haar, das mondner Glanz umspült.

Der Katze Schatten gleitet blau und schmal
Vom morschen Dach, das nahes Unheil säumt,
Die Kerzenflamme, die sich purpurn bäumt.

Georg Trakl: Das dichterische Werk. dtv, München 1972, S. 35.

Der Wanderer

Wilhelm Müller: Der Wegweiser (1824)

Was vermeid ich denn die Wege,
Wo die andren Wandrer gehn,
Suche mir versteckte Stege
Durch verschneite Felsenhöhn?

Habe ja doch nichts begangen,   5
Dass ich Menschen sollte scheun –
Welch ein törichtes Verlangen
Treibt mich in die Wüstenein?

Weiser stehen auf den Straßen,
Weisen auf die Städte zu,   10
Und ich wandre sonder Maßen,
Ohne Ruh, und suche Ruh.

Einen Weiser seh ich stehen
Unverrückt vor meinem Blick;
Eine Straße muss ich gehen,   15
Die noch keiner ging zurück.

Wilhelm Müller/Franz Schubert: Die schöne Müllerin. Die Winterreise-Textausgabe.
Philipp Reclam Verlag, Stuttgart 2001, S. 59.

63

Heinrich Heine: Wo? (1835/36)

Wo wird einst des Wandermüden
Letzte Ruhestätte sein?
Unter Palmen in dem Süden?
Unter Linden an dem Rhein?

5 Werd ich wo in einer Wüste
Eingescharrt von fremder Hand?
Oder ruh ich an der Küste
Eines Meeres in dem Sand?

Immerhin! Mich wird umgeben
10 Gotteshimmel, dort wie hier.
Und als Totenlampen schweben
Nachts die Sterne über mir.

Heinrich Heine: Werke in 5 Bänden. Bd. 1: Gedichte. Aufbau Verlag, Berlin 1968, S. 141.

Johannes Bobrowski: Der Wanderer (1962)

Abends,
der Strom ertönt,
der schwere Atem der Wälder,
Himmel, beflogen
von schreienden Vögeln, Küsten   5
der Finsternis, alt,
darüber die Feuer der Sterne.

Menschlich hab ich gelebt,
zu zählen vergessen die Tore,
die offenen. An die verschlossnen   10
hab ich gepocht.

Jedes Tor ist offen.
Der Rufer steht mit gebreiteten
Armen. So tritt an den Tisch.
Rede: Die Wälder tönen,   15
den eratmenden Strom
durchfliegen die Fische, der Himmel
zittert von Feuern.

Johannes Bobrowski: Schattenland Ströme. DVA, Stuttgart 1962.

Unter dem Lindenbaum

Wilhelm Müller: Der Lindenbaum (1823)

Am Brunnen vor dem Tore
Da steht ein Lindenbaum:
Ich träumt in seinem Schatten
So manchen süßen Traum.

5 Ich schnitt in seine Rinde
So manches liebe Wort;
Es zog in Freud und Leide
Zu ihm mich immerfort.

Ich musst auch heute wandern
10 Vorbei in tiefer Nacht,
Da hab ich noch im Dunkel
Die Augen zugemacht.

Und seine Zweige rauschten,
Als riefen sie mir zu:
15 „Komm her zu mir, Geselle,
Hier findst du deine Ruh!"

Die kalten Winde bliesen
Mir grad ins Angesicht,
Der Hut flog mir vom Kopfe,
20 Ich wendete mich nicht.

Nun bin ich manche Stunde
Entfernt von jenem Ort,
Und immer hör ich's rauschen:
Du fändest Ruhe dort!

Wilhelm Müller: Die Winterreise. Gedichte. Philipp Reclam Verlag, Stuttgart 2001, S. 43.

Nicolas Born: Vaterhaus (1970)

Da steht nicht nur keine Linde
aber wer hinkommt
findet's schön grün
es wächst eine ganze Menge
von früher herüber   5

So große Söhne kommen
an Weihnachten
in ihren Autos die Frauen
winken schon und schnallen sich ab

Der Fernzug von gestern   10
ist heute noch nicht vorbei
und unbegreiflich
im Radio noch immer
ein Wolgalied

Auf dem Tisch die Obstschale   15
auch auf dem Bild
an der Wand die gefüllte
Obstschale

Für Nichtraucher gibt es Aschenbecher
im Keller Werkzeug für alle Fälle   20
im Duft der Blumen
werden Alte alt

Das Dach ist undicht
die Wanduhr tut es noch
auf der Fensterbank liegen Zeitungen   25
der letzten drei Tage

Nicolas Born: Gedichte 1967–1978. Rowohlt Verlag, Reinbek 1981.

Verloren

Heinrich Heine: Enfant perdu (1851)

Verlorner Posten in dem Freiheitskriege,
Hielt ich seit dreißig Jahren treulich aus.
Ich kämpfe ohne Hoffnung, dass ich siege,
Ich wusste, nie komm ich gesund nach Haus.

5 Ich wachte Tag und Nacht – Ich konnt nicht schlafen,
Wie in dem Lagerzelt der Freunde Schar –
(Auch hielt das laute Schnarchen dieser Braven
Mich wach, wenn ich ein bisschen schlummrig war).

In jenen Nächten hat Langweil ergriffen
10 Mich oft, auch Furcht – (nur Narren fürchten nichts) –
Sie zu verscheuchen, hab ich dann gepfiffen
Die frechen Reime eines Spottgedichts.

Ja, wachsam stand ich, das Gewehr im Arme,
Und nahte irgendein verdächt'ger Gauch.
15 So schoss ich gut und jagt ihm eine warme,
Brühwarme Kugel in den schnöden Bauch.

Mitunter freilich mocht es sich ereignen,
Dass solch ein schlechter Gauch gleichfalls sehr gut
Zu schießen wusste – ach, ich kann's nicht leugnen –
20 Die Wunden klaffen – es verströmt mein Blut.

Ein Posten ist vakant! – Die Wunden klaffen –
Der eine fällt, die andern rücken nach –
Doch fall ich unbesiegt, und meine Waffen
Sind nicht gebrochen – Nur mein Herze brach.

Heinrich Heine: Werke in 5 Bänden. Bd. 1: Gedichte. Aufbau Verlag, Berlin 1968,
S. 290.

Wolf Biermann: Enfant perdu (1969)

1
Der kleine Flori Have –
Zwei-Meter-Mann, das brave
    das uralt kluge Kind
Ist abgehaun nach Westen
Mit seiner derzeit Festen
    – wie die wohl rüber sind?

    Er ist hinüber – enfant perdu
    Ach, kluge Kinder sterben früh
    Von Ost nach West – ein deutscher Fall
    Lass, Robert, lass sein
    Nee, schenk mir kein' ein!
    Abgang ist überall

2
Er war doch sonst kein Plattkopf
War helle unterm Haarschopf
    und hatte Herz und Witz
Jetzt ist er meine Trauer
Jetzt hockt er hinter der Mauer
    und glaubt, dass er *vor* ihr sitzt

    Er ist hinüber …

3
Du, Robert, Genosse Ganove
Sitzt da wie der letzte Doofe
    voll Cognac und voll Scham
Warum musste Flori flüchten?
Was wird bloß aus unseren Früchten?
    Dein Apfel fiel weit vom Stamm

    Er ist hinüber …

Wolf Biermann: Nachlass 1. Verlag Kiepenheuer & Witsch, Köln 1977, S. 459.

Fremd im eigenen Haus

Friedrich Hölderlin: Hyperion II 2 (1794)

Hyperion an Bellarmin
So kam ich unter die Deutschen. Ich foderte nicht viel und war gefasst, noch weniger zu finden. Demütig kam ich, wie der heimatlose blinde Ödipus zum Tore von Athen, wo ihn der Götterhain empfing; und schöne Seelen ihm begegneten –
5 Wie anders ging es mir!

Barbaren von Alters her, durch Fleiß und Wissenschaft und selbst durch Religion barbarischer geworden, tiefunfähig jedes göttlichen Gefühls, verdorben bis ins Mark zum Glück der heiligen Grazien, in jedem Grad der Übertreibung und der Ärmlichkeit beleidigend für jede gut geartete Seele, dumpf und harmonielos, wie
10 die Scherben eines weggeworfenen Gefäßes – das, mein Bellarmin! waren meine Tröster.

Es ist ein hartes Wort und dennoch sag ich's, weil es Wahrheit ist: ich kann kein Volk mir denken, das zerrissner wäre, wie die
15 Deutschen. Handwerker siehst du, aber keine Menschen, Denker, aber keine Menschen, Priester, aber keine Menschen, Herrn und Knechte, Jungen und gesetzte Leute, aber keine Menschen – ist das nicht, wie ein Schlachtfeld, wo Hände und Arme und alle Glieder zerstückelt untereinander liegen, indessen das vergossne Lebens-
20 blut im Sande zerrinnt?

Ein jeder treibt das Seine, wirst du sagen, und ich sag es auch. Nur muss er es mit ganzer Seele treiben, muss nicht jede Kraft in sich ersticken, wenn sie nicht gerade sich zu seinem Titel passt, muss nicht mit dieser kargen Angst, buchstäblich heuchlerisch
25 das, was er heißt, nur sein, mit Ernst, mit Liebe muss er das sein, was er ist, so lebt ein Geist in seinem Tun, und ist er in ein Fach gedrückt, wo gar der Geist nicht leben darf, so stoß er's mit Verachtung weg und lerne pflügen! Deine Deutschen aber bleiben gerne beim Notwendigsten, und darum ist bei ihnen auch so viele Stüm-
30 perarbeit und so wenig Freies, Echterfreuliches. [...]

Friedrich Hölderlin: Sämtliche Werke, Bd. 2. Hrsg. Jochen Schmidt. Deutscher Klassikerverlag, Frankfurt/M. 1994, S. 168.

Wolf Biermann: Das Hölderlin-Lied (1967)

So kam ich unter die Deutschen

In diesem Lande leben wir
wie Fremdlinge im eigenen Haus
    Die eigne Sprache, wie sie uns
    entgegenschlägt, verstehn wir nicht
    noch verstehen, was wir sagen   5
    die unsre Sprache sprechen
In diesem Lande leben wir wie Fremdlinge

In diesem Lande leben wir
wie Fremdlinge im eigenen Haus
    Durch die zugenagelten Fenster dringt nichts   10
    nicht wie gut das ist, wenn draußen regnet
    noch des Windes übertriebene Nachricht
    vom Sturm
In diesem Lande leben wir wie Fremdlinge

In diesem Lande leben wir   15
wie Fremdlinge im eigenen Haus
    Ausgebrannt sind die Öfen der Revolution
    früherer Feuer Asche liegt uns auf den Lippen
    kälter, immer kältre Kälten sinken in uns
Über uns ist hereingebrochen   20
          solcher Friede!
          solcher Friede

Solcher Friede.

Wolf Biermann: Alle Lieder. Verlag Kiepenheuer & Witsch, Köln 1991, S. 198.

MATERIALIEN

Max Ernst: Marlene (Frau mit Kind), 1940/41

Ulrich Bischoff: Max Ernst

Als „feindlicher Ausländer" wurde Max Ernst 1939 in der Nähe von Aix-en-Provence (Les Milles) interniert. Die Fürsprache von Eluard erwirkte nach einigen Wochen seine Entlassung. Schon im Winter 1939/40 wurde er nach dem Vormarsch der Deutschen wieder verhaftet. Nun beginnt eine „unruhige" Zeit. Mehrmalige 5

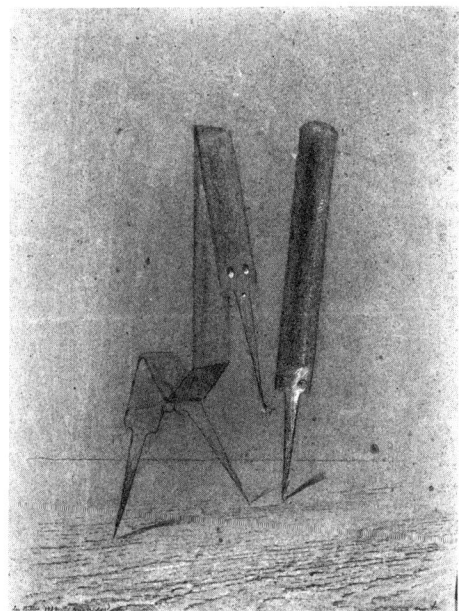

Verhaftungen und Fluchten wechseln einander ab, bis er endgültig durch die einflussreiche Freun- 10 din und Mäzenin Peggy Guggenheim nach Amerika emi- grieren kann. Zu den letzten Werken, die 15 der Künstler noch in Europa fertig stellt, gehören die beiden Bilder „Marlene" und „Europa nach dem 20 Regen". [...]

Max Ernst: Apatrides –
Les Milles, 1939

„Marlene" mit ihren Kindern befindet sich auf der Wanderschaft. Es handelt sich um ein Emigrationsbild. Sie verlässt die mediter- rane Zivilisation, angedeutet durch Zypresse und Säule, um zu neuen Ufern aufzubrechen. Mit sich führt sie ihre Kinder, Vogel- 25 wesen unterschiedlichster Herkunft. Die Assoziationen zu mögli- chen Deutungen sind vom Künstler so zahlreich angelegt, dass

man besser daran tut, Vorsicht zu üben, um sich nicht in den aus-
gelegten Fallstricken zu verfangen. Der Auszug in eine Neue Welt
30 an der Hand einer halb nackten Frau mit einem Gesicht, das ein-
deutig physiognomische Ähnlichkeit mit der 1937 in die USA emi-
grierten Schauspielerin Marlene Dietrich aufweist, legt die Ver-
mutung nahe, dass der Künstler hier an seine eigene Flucht – or-
ganisiert durch Peggy Guggenheim – gedacht haben mag. Dann
35 wären die Vogelwesen Verkörperungen des Künstlers.

*Ulrich Bischoff: Max Ernst 1891–1976. Jenseits der Malerei. Taschen Verlag, Köln
1987, S. 65 f.*

Stephan Lackner: Max Beckmann

Max Beckmann: Die Abfahrt, 1932/33

Dieses Triptychon hat mehr Deutungen hervorgerufen als irgend-
ein anderes Werk von Beckmann. Der Maler selbst hat nur sehr
ungern Kommentare zu seinen Bildern verlautbart, aber in einem
Brief an seinen Kunsthändler Curt Valentin vom 11. Februar 1938

erklärte er: „Abfahrt, ja, Abfahrt vom trügerischen Schein des Le- 5
bens zu den wesentlichen Dingen an sich, die hinter den Erschei-
nungen stehen ... Festzustellen ist nur, dass *die Abfahrt* kein Ten-
denzstück ist und sich wohl auf alle Zeiten anwenden lässt."

Damit ist den häufig geäußerten Spekulationen, *Departure* be-
ziehe sich direkt auf den politischen Umbruch in Deutschland, viel 10
von ihrer Glaubwürdigkeit entzogen. Doch irgendwie sind auch
die Ängste und Schrecken der Naziherrschaft in die Thematik ein-
gegangen.

Beckmann hatte schon 1932 unter nationalsozialistischen An-
griffen gegen seine Kunst zu leiden. Als Hitler am 30. Januar 1933 15
die Macht ergriff, wurde Beckmanns Situation in Frankfurt un-
haltbar, er verlor sein Lehramt an der Städelschule und übersie-
delte mit seiner Frau nach Berlin. Unmittelbar bedroht von einem
Malverbot, verließ Beckmann Deutschland nach Hitlers Eröff-
nungsrede zur Ausstellung „Entartete Kunst" am 18. September 20
1937.

Stephan Lackner: Max Beckmann. Südwest-Verlag, München 1983.

Emigranten (Emigrés) nennt man vorzugsweise die während der
Französischen Revolution ausgewanderten Franzosen, wogegen die
unter Ludwig XVI. flüchtig Gewordenen als Réfugiés (s. d.) bezeichnet
werden. Nach dem Aufstande zu Paris und der Einnahme der Ba-
stille am 14. Juli 1789 verließen zuerst die königl. Prinzen den franz. 5
Boden. Ihnen folgten, besonders nach der Annahme der Verfassung
von 1791, alle die, welche durch die Abschaffung der Privilegien ver-
letzt oder der Verfolgung ausgesetzt waren. Der Adel verließ seine
Schlösser, die Offiziere gingen zum Teil mit ganzen Kompagnien
über die Grenzen. Scharen von Priestern und Mönchen entflohen 10
dem Eide auf die Konstitution. Belgien, Piemont, Holland, die
Schweiz, besonders aber Deutschland füllten sich mit diesen Flüch-
tigen, von denen nur wenige ihr Vermögen gerettet hatten; die größe-
re Masse befand sich in äußerster Dürftigkeit.

Emigrationsgebühr, s. Abzugsgeld. 15

Emigrieren (lat.), auswandern, besonders infolge polit. Umwäl=
zungen; Emigration, Auswanderung.

Exiguität (lat.), Kleinheit, Geringfügigkeit.

Exil (lat. exsilium) heißt so viel als Verbannung. Das Altertum be=
20 zeichnete damit bald den freiwilligen Austritt, durch welchen ein Bür=
ger dem Volksunwillen zu entgehen suchte (so zur Zeit der röm. Re=
publik Coriolan, Verres, Cicero), bald den Zwang zur Auswanderung
mittels Volksbeschlusses, entweder als Sicherungsmittel gegen das
der Freiheit gefährliche Übergewicht angesehener Männer (wie in
25 Athen wider Themistokles, Aristides, s. O s t r a z i s m u s), oder zur
Strafe auf erhobene peinliche Anklage (wie gegen T. Annius Milo
wegen Tötung des Clodius). Die Strafe des E. fiel in den ersten Jahr=
hunderten nach der Gründung Roms mit der Ächtung (aquae et igni in-
terdictio) und dem bürgerlichen Tode (capitis deminutio maxima) zusam=
30 men, später aber konnte die Verweisung auch nur auf kürzere Zeit
erstreckt werden, wo dann der Verwiesene (exsul) zwar das Aktiv=
bürgerrecht und seine Würden, nicht aber die sonstigen Persönlich=
keitsrechte verlor. Zur Kaiserzeit, wo das E. im Sinne der zwangswei=
sen Entfernung aus dem Staate abkam, verstand man darunter das
35 Gebot, sich zur Strafe an einem bestimmten Orte innerhalb des
Reichs aufzuhalten. Es ward hier zwischen Deportation und Relega=
tion unterschieden. Bei jener, als der schwerern Maßregel, fiel die
Wahl auf gefürchtete Aufenthaltsorte, und der Verurteilte büßte,
wenn die Verbannung auf Lebenszeit lautete, das Bürgerrecht und
40 wohl gar das Vermögen ein. (S. D e p o r t a t i o n.) Ähnliche Wirkun=
gen wie das alte Strafexil und die aquae et igni interdictio hatte in der
deutschen Vorzeit die Friedlosigkeit (s. d.). Nicht damit zu verwech=
seln ist die L a n d e s v e r w e i s u n g. (S. A u s w e i s u n g und V e r =
b a n n u n g.)

*Brockhaus Conversations-Lexikon. Band 6. F. A. Brockhaus, Mannheim 1883,
13. Auflage.*

Emigrant *der, -en/-en*, jemand, der seinen Heimatstaat aus
polit., religiösen oder rass. Gründen verlässt.
Emigrantenliteratur, die → Exilliteratur.

Emigrantenpresse, die → Exilpublizistik.

Emigration [zu lat. emigrare ,auswandern'] *die, -/-en*, das frei- 5
willige oder erzwungene Verlassen des Heimatlandes aus
polit. oder weltanschaul. Gründen. Rechtlich betrachtet ist E.
ein Fall der Auswanderung. Die E. tritt v. a. dort auf, wo eine
Diktatur sich immer stärker ausbildet und mit wachsendem
Druck von ihren Bürgern eine bestimmte Gesinnung verlangt. 10
Die im Lande verbleibenden Gegner eines solchen Reg.-Sys-
tems ziehen sich oft in die **innere E.** zurück: eine politisch um-
strittene Form des Widerstandes, die bei äußerer Erfüllung
öffentl. Pflichten persönl. polit. Vorbehalte entwickelt und sie
allenfalls im Kreise Gleichgesinnter artikuliert. – Die Abgren- 15
zung von Emigranten gegen Flüchtlinge oder Vertriebene ist
nicht eindeutig zu treffen.

Im alten Hellas war die E. seit dem Übergang von der Aris-
tokratie zur Tyrannis und Demokratie sehr häufig. Die erste
umfangreiche E. war die der Juden im Altertum. Seit der Zeit 20
der Reformation und Gegenreformation wurde die E. eine
Dauererscheinung (z. B. → Exulanten, → Pilgerväter, → Huge-
notten, → Quäker). Nach kurzem Abklingen der E. infolge der
Toleranzideen der Aufklärung leitete die Frz. Revolution von
1789 neue Wellen der E., bes. die der frz. Adeligen, ein; diese 25
Gruppe führte als erste den Namen ,Emigranten' (frz. émi-
grés). Im 19. Jh. gingen nach der Revolution von 1848 bes. die
Führer der Freiheitsbewogungen aus Dtl., Italien, Ungarn und
Polen außer Landes (bes. in die Länder W-Europas und die
USA); die Bekämpfung der sozialist. Bewegung bes. im zarist. 30
Russland, aber auch in anderen Ländern, führte zur E. zahl-
reicher Sozialisten.

Im 20. Jh. lösten die russ. Oktoberrevolution (1917) und der
Bürgerkrieg (1918–21) die erste Massen-E. aus, die bes. die
bis dahin in Russland herrschenden Schichten umfasste 35
(über 1 Mio. Menschen) und sich meist auf die westl. Nach-
barländer richtete. Nach 1924 verließ ein Teil der Gegner des
Faschismus (ital. fuorusciti) Italien. Mit dem Sieg General
F. Francos im Span. Bürgerkrieg (1939) verließen viele Repu-
blikaner Spanien. Aus Dtl. ergoss sich unter der natsoz. Herr- 40

schaft ein Strom von Emigranten (rassisch, politisch oder re-
ligiös Verfolgte) ins Ausland; infolge der Ausdehnung des dt.
Machtbereiches mussten viele Emigranten mehrfach ihr
Gastland wechseln. Die jüd. E. folgte jeweils auf eine neue
45 Welle der Judenverfolgungen (bes. nach dem ‚Judenboykott'
von 1933 und der Reichspogromnacht von 1938). Die Aus-
dehnung des sowjet. Machtbereichs ab 1940 löste eine E.-
Welle aus dem östl. Mitteleuropa aus. Innerhalb Dtl.s kam es
nach 1945 zu einer Flüchtlingsbewegung von Ost nach West;
50 nach dem Scheitern des Aufstandes in Ungarn (1956) und des
‚Prager Frühlings' (1968) in der Tschechoslowakei flohen viele
Bürger dieser Länder in westl. Staaten. (→ Flüchtlinge).
[...]

→ *Asylrecht • Auswanderung • Einwanderung • Exilliteratur*
55 *• Flüchtlinge • Vertriebene*
[...]
Exil [lat., zu exul, exsul ‚in der Fremde weilend', ‚verbannt']
das, -s/-e, Bez. für den meist aus polit. Gründen bedingten
Aufenthalt im Ausland nach Verfolgung, Verbannung, Aus-
60 bürgerung, Flucht, → Emigration. Das E. wurde im 19./20. Jh.
in Zeiten politisch-sozialer Umbrüche und militär. Auseinan-
dersetzungen zu einer internat. Erscheinung von wachsender
Bedeutung.
Exilliteratur, Emigrantenliteratur, die Gesamtheit der literar.
65 Werke von Autoren, die ihr Land aus polit., rass. oder religiö-
sen Gründen verlassen mussten oder aufgrund ‚eigener' Ent-
scheidung verließen. I. w. S. werden auch Werke nicht exilier-
ter Autoren, die nur im Ausland publizieren können, als Teil
der E. betrachtet.
70 Staatl. Unterdrückung, Zensur, Schreibverbot oder Verban-
nung zwangen Schriftsteller, Künstler, Wissenschaftler u. a.
seit frühesten Zeiten zur Emigration. In der Antike waren z. B.
HIPPONAX und OVID Exilautoren, im MA. u. a. DANTE. Während
der Religionskriege des 16. Jh. entstand die erste große Welle
75 von E., v. a. als Literatur der exilierten Protestanten aus streng
kath. Ländern. Im 17. und 18. Jh. überwog weiterhin die Lite-

ratur des Exils aus religiösen, ab Ende des 18. Jh. insbeson-
dere aus polit. Gründen (u. a. A. CHAMISSO). Die Werke der frz.
Aufklärung erschienen meist in Amsterdam oder London. Die
dt. Exilautoren der 1. Hälfte des 19.Jh. (H. HEINE, L. BÖRNE, F.   80
FREILIGRATH, G. BÜCHNER, G. WEERTH, G.HERWEGH u.a.) gaben
ihre Werke v. a. in Paris und London heraus. [...]

Die längste Exilgeschichte des 20. Jh. hat die russ. Literatur.
[...]

Die größte Gruppe in der Geschichte der E. bildet die literar.   85
Produktion der während der Zeit des Faschismus und Natio-
nalsozialismus im Exil lebenden Schriftsteller. [...]

Als *deutschsprachige E. nach 1933* werden i.d.R. nur die
belletrist. und publizist. Schriften bezeichnet. Stationen des
Exils waren nach der Errichtung der natsoz. Diktatur die   90
europ. Nachbarstaaten des Dt. Reichs, nach der Okkupation
Österreichs 1938 und der Tschechoslowakei 1939 begann für
einen Teil der Flüchtlinge und 1940 nach der Besetzung Dä-
nemarks, der Beneluxstaaten und Frankreichs für die Mehr-
zahl die zweite Vertreibung (Zentren der ersten Periode: Paris,   95
Amsterdam, Prag, Wien, Moskau; Zentren der Kriegsjahre:
Moskau, die USA, Mexiko, die Schweiz, Schweden, Großbri-
tannien und Palästina). In den Zentren entstanden neue Ver-
lage. [...]

[...] Es entstand Lyrik, z.B. von B. BRECHT, J.R. BECHER, P.   100
ZECH, E. ARENDT, ELSE LASKER-SCHÜLER, F. WERFEL, M. HERRMANN-
NEISSE, E. WEINERT, W. MEHRING, NELLY SACHS, A.V. THELEN,
E. WALDINGER; Romane schrieben K. MANN (,Mephisto', 1936),
B. FRANK (,Der Reisepaß', 1937), L. FEUCHTWANGER (,Exil', 1940),
ANNA SEGHERS (,Transit', 1944), ferner A. DÖBLIN, B. UHSE,   105
H. KESTEN, IRMGARD KEUN, A. ZWEIG u.a. [...] Im Exil lebten fer-
ner u.a. W. BREDEL, M. BROD, E. CANETTI, E. CLAUDIUS, L. FRANK,
S. FRIEDLAENDER, C. GOETZ, S. HEYM, H.E. JACOB, PAULA LUDWIG,
A. MOMBERT, E. E. NOTH, L. PERUTZ, T. PLIVIER, A. POLGAR, E.M. RE-
MARQUE, L. RENN, A. SCHAEFFER, R. SCHICKELE, F. VON UNRUH,   110
E. WEINERT, F.C. WEISKOPF, E. WEISS, C. ZUCKMAYER. Die verzwei-
felte Lage trieb K. TUCHOLSKY, W. HASENCLEVER, E. TOLLER,
S. ZWEIG und W. BENJAMIN in den Selbstmord. Viele Exil-

schriftsteller blieben in den Gastländern (so M. ZWEIG,
115 B. FRUCHTMANN, W. KRAFT, F. NASCHITZ in Palästina/Israel); man-
che Emigranten, so E. FRIED und HILDE DOMIN, begannen ihre
eigentliche literar. Produktion erst nach dem Krieg.
     Die wichtigsten Werke der deutschsprachigen E. wurden
nach 1945 in der BRD und in der DDR neu oder erstmalig he-
120 rausgegeben. [...]

*Brockhaus. Die Enzyklopädie in 24 Bänden. Bd. 7. F. A. Brockhaus GmbH, Leipzig/
Mannheim 2001, 20. Auflage, S. 342 ff.*

Hilde Domin: Heimat (1975)

„Unverlierbares Exil, du trägst es bei dir, Wüste, einsteckbar",
habe ich irgendwann geschrieben, als ich schon wieder in Hei-
delberg ansässig war. Heimat, der Gegenpol zum Exil? Nein, das
ist nicht richtig: Das Exil ist der Gegenpol, die Negation. Heimat
5 wäre das Selbstverständliche, wenn sie selbstverständlich wäre.
Es ist kein Zufall, dass ich, wenn ich von ‚Heimat' reden soll, mit
dem Exil beginne. Als sei es eine Ersatzheimat. Gerade ich. Und
das tue ich nicht, weil Exil ein ‚erlaubtes' Wort ist, ja geradezu ein
Modewort, während Heimat mit Vorsicht ausgesprochen wird,
10 fast ein tabuisiertes Wort. Jemand wie ich hält sich ohnehin nicht
an derlei ‚Verbote'. Und schon gar nicht, was die Sache Heimat,
und also auch das Wort Heimat angeht. „Etwas, was allen in die
Kindheit scheint, und worin noch niemand war: Heimat", sagt
Bloch. Ebenso gut hätte er ‚Paradies' sagen können. Er meint die
15 Unvertreibbarkeit, die Geborgenheit von Anbeginn. Das Dazu-
gehörendürfen, *diesseits* des Zweifels.
     „Man kann sein Vaterland lieben und achtzig Jahre dabei wer-
den und es nicht gewusst haben. Aber man muss dann auch zu
Hause geblieben sein", erklärt Heine. „Das Wesen des Frühlings
20 erkennt man erst im Winter. Und so beginnt die deutsche Vater-
landsliebe erst an der deutschen Grenze."
     Hier sind schon Stichworte gefallen. Fast zu viele. Das erste –
das, mit dem ich zu sprechen angefangen habe – war „unverlier-

bar". Das Unverlierbare, das sich als so verlierbar erwiesen hat. Und von dem, seither, man schon weiß, dass es auf Widerruf ist. 25 „Vaterland?" Ich will lieber von Mutterland reden, dem Land meiner Herkunft, dem Land meiner Sprache.

„Vaterland", sagte kürzlich ein berühmter Sprachwissenschaftler, „eine Übersetzung aus dem Lateinischen. Das Wort wird bei uns vielleicht in Vergessenheit geraten, es ist so diskreditiert." 30 Mutterland: das war früher die Metropole, von der Kolonie her gesehen. Daran denkt man schon nicht mehr, wenn man das Wort gebraucht. Ich nicht. Und ich habe es bei andern versucht, keiner dachte daran. Das Land der Geburt. Muttersprache. „Die Muttersprache ist die Sprache der Mutter, soweit die Mutter die Sprache 35 des Ambientes spricht", sagte der Linguist zu mir. Aber das tut sie ja normalerweise. Muttersprache ist die Sprache der Kindheit.

Für mich ist die Sprache das Unverlierbare, nachdem alles andere sich als verlierbar erwiesen hatte. Das letzte, unabnehmbare Zuhause. Nur das Aufhören der Person (der Gehirntod) kann sie 40 mir wegnehmen. Also die deutsche Sprache. In den andern Sprachen, die ich spreche, bin ich zu Gast. Gern und dankbar zu Gast. Die deutsche Sprache war der Halt, ihr verdanken wir, dass wir die Identität mit uns selbst bewahren konnten. Der Sprache wegen bin ich auch zurückgekommen.

Es war eine der Aufregungen des Lebens, wieder nach Hause zu 45 kommen. In das Land der Geburt, wo die Menschen deutsch reden. Vielleicht, ja sicher war es noch aufregender als das Weggehen, damals. Dazwischen lag das Exil, das Nicht-Dazugehören, eine Erfahrung, die man erst stückweise vollzieht, man sieht sie nicht als Ganzes vor sich. Erst beim Gehen merkt man, wie ver- 50 trackt der neue Zustand ist, wie ‚un-heimlich'.

Wenn ich die Fliehenden im Fernsehen sehe, alle, die auf den Treck gehen, alle, die sich noch an Flugzeuge hängen, um eine Station weiterzukommen, dann weiß ich schon, wie fragwürdig die Ankunft ist, dann brauche ich auf den nächsten Bericht, eine 55 Woche, einen Monat später, gar nicht erst zu warten.

Ich habe sie ja selbst erlebt, die ‚permanente Flucht'. Und ich hatte das Glück, nicht eingeholt zu werden, als ich weit genug gelaufen war, ich durfte sogar zurückkommen, vom Rand der Welt. Nach Hause gehen. 60

„Sie reden von Heimat", sagte damals Enzensberger, das war Anfang der fünfziger Jahre. „Dazu sind Sie über die Meere gefahren, um uns damit zu kommen. Alles doch nur eine Frage der Kulisse."

65 Das schien ihm so, die Kulissen hatten sich ja auch für die Zuhausegebliebenen sehr verwandelt.

Zuhausesein, Hingehörendürfen, ist eben keine Frage der Kulisse. Oder auch des Wohlergehens. Es bedeutet, mitverantwortlich zu sein. Nicht nur Fremder sein. Sich einmischen können,
70 nötigenfalls. Ein Mitspracherecht haben, das mitgeboren ist.

Dabei ist der Verlust der Zugehörigkeit eine Verwundung, die nie ganz vernarbt. „Das Zuhause hat einem nicht weh zu tun wie ein Hexenschuss oder ein hohler Zahn." Das tut es aber doch, bei jedem Anlass. Und diese Anlässe häufen sich in den letzten Jah-
75 ren. Die exemplarische Vertreibung, exemplarisch wie die der Ureltern: da lernt man alles, schlechthin alles, über das Menschsein und über das ‚Ein-flüchtiger-Gast-Sein'. Das ist dann keine Metapher, wie man sie von der Kanzel hört.

Wie das Zuhause die Liebe, sobald man gelernt hat, dass sie
80 vielleicht auf Widerruf ist. Die Liebe, fast so tabuisiert wie die Heimat. Wer ‚in' ist, spricht nur von Sex. Obwohl, das hat sich geändert. Liebe ist wieder gesellschaftsfähig geworden. Über Heimat wird schon diskutiert. (Sie hat unterdes das Odium des Militanten verloren, das die Bünde der Heimatvertriebenen ihr gegeben hat-
85 ten.) Bisher wurde das allenfalls Menschen wie Bloch, wie Nelly Sachs, wie mir zugestanden. Jetzt ist es ein Thema geworden. Wir leben ja in einer Krise der Zugehörigkeiten. Auch in einer Sprach- und Sprechkrise. Der Kommunikationskrise, der Identitätskrise. In der Nicht-Heimat. Leichtfertig wird oft mit diesen
90 Begriffen Ball gespielt. Wer das wirklich gelebt hat, wer traumatisiert ist, ist dagegen widerständig. Die Sprache, in der ich die Welt gewissenhaft benenne, gewissenhaft mitteilbar mache (und auch so mitteile, dass ich gehört werde), die kann nicht wegnehmbar sein, sie ist die äußerste Zuflucht. Dieses Zuhause verteidige ich
95 bis zu meinem letzten Atemzug. Wie früher ein Bauer seine Scholle. Ich kann gar nicht anders.

Alles, was ich verteidige, wo ich geh und steh, ist nicht dies-
seits, sondern jenseits des Zweifels. Den Apfel der Erkenntnis hat
man uns die Kehle hinuntergestoßen, das ist nicht rückgängig zu
machen. „Was hätten wir davon, wenn wir heute vierzig wären   100
und hätten diese Wunde nicht!", schrieb mir kurz vor seinem
Tode Grieshaber. Könnten wir nur die junge Generation mit unse-
ren Tränen impfen.

Hilde Domin: Aber die Hoffnung. Autobiografisches aus und über Deutschland.
S. Fischer Verlag, Frankfurt/M. 1993, S. 11–14.

Thomas Kopfermann: Exil im Zeitalter des Barock?

Exil ist nicht das Ewig-Gleiche – es ‚passiert', wem es zustößt, individuell, unverwechselbar und unter bestimmten konkreten historischen Bedingungen. Dass diese meist Krieg sind oder politische Verfolgung oder Glaubens-Intoleranz oder soziales Elend ist
5 den Gedichten selbst als den Äußerungen eines Subjekts, gleichwohl in sprachlich-ästhetisch objektivierter Form, zu entnehmen. (Die zwei) Barock-Gedichte (des 1. Teils), ‚demonstrieren' dies: Gryphius' berühmte ‚Tränen des Vaterlandes' die Grauen des Dreißigjährigen Krieges, der mit seinen Verwüstungen zur Ent-
10 völkerung und Flucht zwang; Schaitbergers Text, Dokument eines frühen Vorkommens des Begriffs „Exilant", die Verfolgung aus Glaubensgründen, die in die „Fremde" (wie im bekannten „Innsbruck"-Lied als ‚Elend' charakterisiert) treibt. Der Schriftsteller Herbert Heckmann beschreibt aus heutiger Sicht den ‚Großen
15 Krieg' des 17. Jahrhunderts, „der aus konfessionellen Gegensätzen in Deutschland hervorging, in seinem Verlauf aber immer mehr ein in Deutschland ausgetragener Kampf gegen die österreichisch-spanische Vormacht in Europa wurde. Ungefähr 30–50 % der Bevölkerung fielen den Kampfhandlungen, Seuchen
20 und Hungersnöten zum Opfer. Wenn zu Beginn des 17. Jahrhunderts rund 20 Millionen Menschen in Deutschland lebten, so waren es 1648 nur noch 10–14 Millionen. Ganze Landstriche waren entvölkert, Dörfer verwüstet, Felder lagen brach, Vieh lief herrenlos umher. Deutschland erholte sich nur sehr langsam. Die
25 Getreidepreise fielen, da weit weniger Menschen ernährt werden mussten. Infolgedessen verlor auch das Land seinen Wert. Der Krieg blieb den Menschen sehr lange in Erinnerung. Es waren also auch diese Erfahrungen, aus denen die Verdammung der Welt als eitel und vergänglich resultierte …"

Herbert Heckmann (Hrsg.): Vorbemerkung. 80 Barock-Gedichte. Klaus Wagenbach Verlag, Berlin 1976, S. 9f.

Hans-Albert Walter: „… wo ich im Elend bin"

Geheimnisvoll klingt das Wort und sehr pathetisch, mit dem der
Dichter wiedergegeben hat, was in unseren Augen ganz banal ist
und bar jeden Geheimnisses. Einer hat seine Stadt verlassen, ist
weggewandert anderswohin. Mehr ist nicht geschehen. Der
Mann hat sich darüber aber nicht zu fassen gewusst. Obwohl er 5
hoffen durfte, neue Städte kennen zu lernen, andere Gegenden,
womöglich fremde Länder, hat er geklagt, dass er „im Elend" sei.
Schwer begreiflich für den, der als Elend den unentrinnbaren
Gang seines immer gleichen Alltags anzusehen gewohnt ist, und
sei der noch so bequem gepolstert mit Freiheit, Freizeit und Geld. 10
Ihm ist die Fremde nicht Qual. Heilung verspricht er sich von ihr
und sein Zauberwort heißt reisen, möglichst oft und möglichst
weit weg. Ihm gilt als elend, wer daheim bleiben muss – welch
armer Teufel, der sich nichts leisten kann.

Die Klage von *Innsbruck, ich muss dich lassen* ist allerdings 15
schon sehr alt. Sie stammt aus einer Zeit, als das Wort „Elend"
einen anderen, inzwischen lange vergessenen Sinn hatte. Den ur-
sprünglichen aus noch viel früheren Zeiten. Das althochdeutsche
„elilenti", von dem es herkommt, war nicht so verschliffen und
vieldeutig wie unser heutiger Begriff. Eigneten dem Wort auch 20
eine konkret fassbare Haupt- und eine aus ihr abgeleitete Neben-
bedeutung, so meinten beide doch ein und dasselbe. „Elilenti"
hieß zugleich „Verbannung" und „anderes Land" – weil man sich
damals nämlich gar nicht hat vorstellen können, dass einer seine
Heimat freiwillig verließ. Und da dies so ganz außerhalb allen 25
Denkens, allen Wollens und Tuns lag, da es Gefahr für Leib und
Leben bedeutete, dieses Verbanntwerden in ein anderes Land,
wurde „elilenti" auch zum Synonym für „Not" und „Trübsal":
Was sonst als Not und Trübsal warteten auf den, der die Heimat
verließ? Und also beklagt der von Innsbruck Scheidende, dass er 30
gezwungen sei, „mein Straßen in fremde Land dahin" zu fahren:
„Mein Freud ist mir genommen / Die ich nit weiß bekommen / Wo
ich im Elend bin."

Verständlicher ist die Verszeile nun zwar geworden, nichtsdes-
toweniger noch genau so schwer nachzuvollziehen für den, den 35

87

die Fremde nie geschreckt hat; der zeitlebens das Glück der Sess-
haftigkeit genoss, meist nicht einmal ahnend, dass es ein Glück sei,
und welch ein großes. Könnte es gleichwohl wissen. Liest täglich
davon in der Zeitung und sieht schaurige Bilder im Fernsehen.
40 Längst schon ist das Elend der politischen Verbannung auf Zeit
oder der politisch erzwungenen Auswanderung auf Dauer dem
Schwarzen Tod zu vergleichen, der Menschheitsgeißel des Mittel-
alters, längst schon ist es genau so unberechenbar und grauenvoll
wie seinerzeit jene. Verblendet, wer sich für sicher hält, nur weil
45 dieses Geschick im Augenblick andere trifft. Die Flüchtlingsströme
der Gegenwart, die immer neuen Wellen von Vertreibung und Ver-
bannung sind kaum noch zu zählen. Gut möglich, dass man unser
Jahrhundert einmal das der Flüchtlinge nennen wird.

*Hans-Albert Walter: „… wo ich im Elend bin" oder „Gib dem Herrn die Hand, er ist
ein Flüchtling". Ein Essay. Büchergilde, Frankfurt/M. 1992, S. 9 ff.*

Christian Friedrich Daniel Schubart:
Einige politische Texte (1776)

Hier ist eine Probe der neuesten Menschenschatzung! – Der
Landgraf von Hessen-Kassel bekommt jährlich 450 000 Taler für
seine 12 000 tapferen Hessen, die größtenteils in Amerika ihr
Grab finden werden. Der *Herzog von Braunschweig* erhält 56 000
5 Taler für 3964 Mann Fußvolk und 360 Mann leichter Reuterei,
wovon ohnfehlbar sehr wenige ihr Vaterland sehen werden. Der
Erbprinz von Hessen-Kassel gibt ebenfalls ein Regiment Fußvolk
ab um den Preis von 25 000 Taler. 20 000 Hannoveraner sind be-
kanntlich schon nach Amerika bestimmt und 3 000 Mecklenbur-
10 ger für 50 000 Taler auch. Nun sagt man, der *Kurfürst von Bayern*
werde ebenfalls 4 000 Mann in englischen Sold geben. Ein frucht-
barer Text zum Predigen für Patrioten, denen 's Herz pocht, wenn
Mitbürger das Schicksal der Negersklaven haben und als
Schlachtopfer in fremde Welten verschickt werden. –

Aus dem 25. Stück vom 25. März

*Wilfried F. Schoeller: Schubart. Lebensmeinungen eines schwäbischen Rebellen.
Klaus Wagenbach Verlag, Berlin 1979, S. 151.*

Georg Herwegh:
Am Grabe eines deutschen Flüchtlings (Juli 1860)

In der Zeit der Reden und Redensarten ist es nicht meine Sache, Worte zu machen. Wiederum ein Flüchtling, der in fremder Erde begraben wird! Mühe und Arbeit, das war sein Los auf der Welt. Vergeblich wartete er elf Jahre darauf, zurückgerufen zu werden in die Heimat; aber Fürsten und Prinzregenten – sie werden noch 5 manchen warten lassen! Arme, treue Seele, du hast es jetzt überwunden. Sei sie dir leicht, die fremde, *republikanische* Erde, leichter als die dumpfe heimatliche Luft manchem der Freunde draußen ist! – Morgen tragen sie in das „Invalidenhaus" mit allem Pomp der Erde einen Fürsten, während dich heute ein Dut- 10 zend Freunde aus dem Invalidenhaus zum Grabe begleitet! Ich sehe dich lächeln über jenen Pomp! Leb wohl, du braver, ehrlicher Republikaner! Nach altem, frommem Brauch werfe ich eine Scholle Erde auf dein Grab. Leb wohl.

Georg Herweghs Werke in einem Band. Aufbau Verlag, Berlin 1975, S. 337.

Heinrich Heine:
Aus dem Vorwort zu „Deutschland – ein Wintermärchen"

Das nachstehende Gedicht schrieb ich im diesjährigen Monat Januar zu Paris, und die freie Luft des Ortes wehete in manche Strophe weit schärfer hinein, als mir eigentlich lieb war. Ich unterließ nicht, schon gleich zu mildern und auszuscheiden, was mit dem deutschen Klima unverträglich schien. Nichtsdestoweniger, 5 als ich das Manuskript im Monat März an meinen Verleger nach Hamburg schickte, wurden mir noch mannigfache Bedenklichkeiten in Erwägung gestellt. Ich musste mich dem fatalen Geschäfte des Umarbeitens nochmals unterziehen, und da mag es wohl geschehen sein, dass die ernsten Töne mehr als nötig abgedämpft 10 oder von den Schellen des Humors gar zu heiter überklingelt wur-

den. Einigen nackten Gedanken habe ich im hastigen Unmut ihre Feigenblätter wieder abgerissen und zimperlich spröde Ohren habe ich vielleicht verletzt. Es ist mir Leid, aber ich tröste mich mit
15 dem Bewusstsein, dass größere Autoren sich ähnliche Vergehen zuschulden kommen ließen. [...]

Ach, ich vergesse, dass wir in einer sehr bürgerlichen Zeit leben, und ich sehe leider voraus, dass viele Töchter gebildeter Stände an der Spree, wo nicht gar an der Alster, über mein armes
20 Gedicht die mehr oder minder gebogenen Näschen rümpfen werden! Was ich aber mit noch größerem Leidwesen voraussehe, das ist das Zeter jener Pharisäer der Nationalität, die jetzt mit den Antipathien der Regierungen Hand in Hand gehen, auch die volle Liebe und Hochachtung der Zensur genießen und in der Tages-
25 presse den Ton angeben können, wo es gilt, jene Gegner zu befehden, die auch zugleich die Gegner ihrer allerhöchsten Herrschaften sind. Wir sind im Herzen gewappnet gegen das Missfallen dieser heldenmütigen Lakaien in schwarz-rot-goldner Livree. Ich höre schon ihre Bierstimmen: du lästerst sogar unsere Farben,
30 Verächter des Vaterlands, Freund der Franzosen, denen du den freien Rhein abtreten willst! Beruhigt euch. Ich werde eure Farben achten und ehren, wenn sie es verdienen, wenn sie nicht mehr eine müßige oder knechtische Spielerei sind. Pflanzt die schwarz-rot-goldne Fahne auf die Höhe des deutschen Gedankens, macht
35 sie zur Standarte des freien Menschtums, und ich will mein bestes Herzblut für sie hingeben. Beruhigt euch, ich liebe das Vaterland ebenso sehr wie ihr. Wegen dieser Liebe habe ich dreizehn Lebensjahre im Exile verlebt, und wegen eben dieser Liebe kehre ich wieder zurück ins Exil, vielleicht für immer, jedenfalls ohne zu
40 flennen oder eine schiefmäulige Duldergrimasse zu schneiden. Ich bin der Freund der Franzosen, wie ich der Freund aller Menschen bin, wenn sie vernünftig und gut sind, und weil ich selber nicht so dumm oder so schlecht bin, als dass ich wünschen sollte, dass meine Deutschen und die Franzosen, die beiden auser-
45 wählten Völker der Humanität, sich die Hälse brächen zum Besten von England und Russland und zur Schadenfreude aller Junker und Pfaffen dieses Erdballs. Seid ruhig, ich werde den Rhein nimmermehr den Franzosen abtreten, schon aus dem ganz einfachen

Grunde: weil mir der Rhein gehört. Ja, mir gehört er, durch un-
veräußerliches Geburtsrecht, ich bin des freien Rheins noch weit 50
freierer Sohn, an seinem Ufer stand meine Wiege, und ich sehe
gar nicht ein, warum der Rhein irgendeinem andern gehören soll
als den Landeskindern. Elsass und Lothringen kann ich freilich
dem deutschen Reiche nicht so leicht einverleiben, wie ihr es tut,
denn die Leute in jenen Landen hängen fest an Frankreich wegen 55
der Rechte, die sie durch die französische Staatsumwälzung ge-
wonnen, wegen jener Gleichheitsgesetze und freien Institutionen,
die dem bürgerlichen Gemüte sehr angenehm sind, aber dem
Magen der großen Menge dennoch vieles zu wünschen übrig las-
sen. […]   60

Heinrich Heine: Werke in 5 Bänden. Bd. 2 Aufbau Verlag, Berlin 1968, S. 91 f.

Georg Büchner: An Bürgermeister Hess

Straßburg, 22. September 1836.
Die politischen Verhältnisse Deutschlands zwangen mich, mein
Vaterland vor etwa anderthalb Jahren zu verlassen. Ich hatte mich
der akademischen Laufbahn bestimmt. Ein Ziel aufzugeben, auf
dessen Erreichung bisher alle meine Kräfte gerichtet waren, 5
konnte ich mich nicht entschließen, und so setzte ich in Straßburg
meine Studien fort, in der Hoffnung, in der Schweiz meine Wün-
sche realisieren zu können. Wirklich hatte ich vor kurzem die Ehre,
von der philos. Fakultät zu Zürich einmütig zum Doctor creiert zu
werden. Nach einem so günstigen Urteil über meine wissen- 10
schaftliche Befähigung konnte ich wohl hoffen, auch als Privatdo-
zent von der Züricher Universität angenommen zu werden und im
günstigen Falle im nächsten Semester meine Vorlesungen begin-
nen zu können. Ich suchte daher bei der hiesigen Behörde um
einen Pass nach. Diese erklärte mir jedoch, es sei ihnen durch das 15
Ministerium des Innern auf Ansuchen der Schweiz untersagt,
einem Flüchtling einen Pass auszustellen, der nicht von einer
Schweizer Behörde eine schriftliche Autorisation zum Aufenthalt
in ihrem Bezirke vorweisen könne. In dieser Verlegenheit nun

wende ich mich an Sie, hochgeehrter Herr, als die oberste Magis-
20 tratsperson Zürichs, mit der Bitte um die von der hiesigen Behör-
de verlangte Autorisation. Das beiliegende Zeugnis kann bewei-
sen, dass ich seit der Entfernung aus meinem Vaterlande allen po-
litischen Umtrieben fremd geblieben bin und somit nicht unter
die Kategorie derjenigen Flüchtlinge gehöre, gegen welche die
25 Schweiz und Frankreich neuerdings die bekannten Maßregeln er-
griffen haben. Ich glaube daher auf die Erfüllung meiner Bitte
zählen zu dürfen, deren Verweigerung die Vernichtung meines
ganzen Lebensplanes zur Folge haben würde ...

[Beilage: Zeugnis der Straßburger Polizei]
Il est certifié que
Monsieur George Buchner, Docteur en Philosophie, agé de 23
ans, natif de Darmstadt, est inscrit sur nos registres rue de la
Douane No 18 comme demeurant en cette ville depuis dixhuit
mois jusqu'à ce jour et sans interruption et que pendant ce laps
de temps sa conduite, sous le rapport politique que moral, n'a
donné lieu à aucune plainte.

Georg Büchner: Werke und Briefe. Deutscher Taschenbuch Verlag, München 1967, S. 196 f.

Georg Büchner: An die Familie

Zürich, den 26. Oktober 1836.
Wie es mit dem Streite der Schweiz mit Frankreich gehen wird,
weiß der Himmel. Doch hörte ich neulich jemand sagen: ‚Die
Schweiz wird einen kleinen Knicks machen, und Frankreich wird
sagen, es sei ein großer gewesen.' Ich glaube, dass er Recht hat.

Zürich, den 20. November 1836.
Was das politische Treiben anlangt, so könnt Ihr ganz ruhig sein.
Lasst Euch nur nicht durch die Ammenmärchen in unseren Zei-
tungen stören. Die Schweiz ist eine Republik, und weil die Leute
sich gewöhnlich nicht anders zu helfen wissen, als dass sie sagen,
jede Republik sei unmöglich, so erzählen sie den guten Deut-   5
schen jeden Tag von Anarchie, Mord und Totschlag. Ihr werdet
überrascht sein, wenn Ihr mich besucht, schon unterwegs überall
freundliche Dörfer mit schönen Häusern, und dann, je mehr Ihr
Euch Zürich nähert und gar am See hin, ein durchgreifender
Wohlstand; Dörfer und Städtchen haben ein Aussehen, wovon   10
man bei uns keinen Begriff hat. Die Straßen laufen hier nicht voll
Soldaten, Akzessisten und faulen Staatsdienern, man riskiert
nicht, von einer adligen Kutsche überfahren zu werden; dafür
überall ein gesundes, kräftiges Volk und um wenig Geld eine ein-
fache, gute, rein republikanische Regierung, die sich durch eine   15
Vermögenssteuer erhält, eine Art Steuer, die man bei uns überall
als den Gipfel der Anarchie ausschreien würde …

Minnigerode ist tot, wie man mir schreibt, das heißt, er ist drei
Jahre lang tot gequält worden. Drei Jahre! Die französischen
Blutmänner brachten einen doch in ein paar Stunden um, das Ur-   20
teil und dann die Guillotine! Aber drei Jahre! Wir haben eine gar
menschliche Regierung, sie kann kein Blut sehen. […]

Straßburg, im Juni 1836.

Es ist nicht im Entferntesten daran zu denken, dass im Augenblick ein Staat das Asylrecht aufgibt, weil ein solches Aufgeben ihn den Staaten gegenüber, auf deren Verlangen es geschieht, politisch annullieren würde. Die Schweiz würde durch einen solchen

5 Schritt sich von den liberalen Staaten, zu denen sie ihrer Verfassung nach natürlich gehört, lossagen und sich an die absoluten anschließen, ein Verhältnis, woran unter den jetzigen politischen Konstellationen nicht zu denken ist. Dass man aber Flüchtlinge, welche die Sicherheit des Staates, der sie aufgenommen, und das

10 Verhältnis desselben zu den Nachbarstaaten kompromittieren, ausweist, ist ganz natürlich und hebt das Asylrecht nicht auf. Auch hat die Tagsatzung bereits ihren Beschluss erlassen. [...]

Georg Büchner: Werke und Briefe. Deutscher Taschenbuch Verlag, München 1967, S. 194f. und S. 197.

Christian Graf von Krockow: Bücherverbrennung 1933

„Das war ein Vorspiel nur, dort wo man Bücher verbrennt, verbrennt man am Ende auch Menschen"

(Heinrich Heine, 1822)

Am 10. Mai 1933 loderten im Reich Hitlers die Scheiterhaufen. Die Bücherverbrennung beseitigte die letzten Zweifel über die wahren Absichten der neuen Machthaber.

1. Rufer: „Gegen Klassenkampf und Materialismus, für Volksgemeinschaft und idealistische Lebenshaltung! Ich übergebe dem Feuer die Schriften von Marx und Kautsky."

2. Rufer: „Gegen Dekadenz und moralischen Verfall! Für Zucht und Sitte in Familie und Staat! Ich übergebe dem Feuer die Schriften von Heinrich Mann, Ernst Glaeser und Erich Kästner."

3. Rufer: „Gegen Gesinnungslumperei und politischen Verrat, für Hingabe an Volk und Staat! Ich übergebe dem Feuer die Schriften von Friedrich Wilhelm Foerster."

4. Rufer: „Gegen seelenzerfasernde Überschätzung des Trieblebens, für den Adel der menschlichen Seele! Ich übergebe dem Feuer die Schriften des Sigmund Freud."

5. Rufer: „Gegen Verfälschung unserer Geschichte und Herabwürdigung ihrer großen Gestalten, für Ehrfurcht vor unserer Vergangenheit! Ich übergebe dem Feuer die Schriften von Emil Ludwig und Werner Hegemann."

6. Rufer: „Gegen volksfremden Journalismus demokratisch-jüdischer Prägung, für verantwortungsvolle Mitarbeit am Werk des nationalen Aufbaus! Ich übergebe dem Feuer die Schriften von Theodor Wolff und Georg Bernhard."

7. Rufer: „Gegen literarischen Verrat am Soldaten des Weltkrieges, für Erziehung des Volkes im Geist der Wehrhaftigkeit! Ich übergebe dem Feuer die Schriften von Erich Maria Remarque."

8. Rufer: „Gegen dünkelhafte Verhunzung der deutschen Spra-
che, für Pflege des kostbarsten Gutes unseres Volkes! Ich überge-
be dem Feuer die Schriften von Alfred Kerr."

9. Rufer: „Gegen Frechheit und Anmaßung, für Achtung und Ehr-
furcht vor dem unsterblichen deutschen Volksgeist! Verschlinge,
Flamme, auch die Schriften der Tucholsky und Ossietzky!"

*Die Rufer waren: junge Leute in braunen Uniformen. Es waren:
Studenten. Ort der Handlung: Berlin, Opernplatz, 10. Mai 1933.*

*Die Studenten waren nicht allein: Dozenten, Professoren, Rekto-
ren hatten sich angeschlossen. Oder vielmehr: Bevor man ge-
meinsam zum Platz der Bücherverbrennung marschierte, hatten
sie in überfüllten Hörsälen begeisternde Reden gehalten – sie, die
Täter von oben herab, vom Katheder. In Berlin hieß der Mann der
Stunde Professor Alfred Bäumler.*

Christian Graf von Krockow: Scheiterhaufen. Größe und Elend des deutschen Geis-
tes. rororo-Sachbuch. Rowohlt Verlag, Reinbek 1993, S. 13–14.

Berthold Viertel: Exil (1950)

Wir gingen ins Exil, wie entthronte Könige. Einige von uns haus-
ten tatsächlich wie solche an der Riviera. Andere würgten das
Brot der Armut und der Knechtschaft. – Ich verließ kein König-
reich. Meine Arbeit hatte bereits im Triebsand zerbröckelnder Ver-
5 hältnisse begonnen. Sie blieb provisorisch und auf Abruf getan.
Kein größeres Werk gelang mir. Keine geschlossene Abfolge
meines Wirkens, auch nicht einmal der bleibende Ansatz einer
Tradition, welche die mehr als sieben mageren Jahre überwintern
konnte. Ein Gelingen im Einzelnen zeigte den richtigen Weg an für
10 die, welche sehen konnten und wollten. Ein einsamer Ton, Bruch-
stück einer Lebensmelodie, erklang und ging im Kriegslärm unter.
Besinnung, die von der Tobsucht verschlungen wurde. Abende
glänzten auf und Morgen. Abschiede vollzogen sich, und immer
wieder geschah ein Aufbruch und brach ab. Eine Spur war gesich-
15 tet worden, die Bahn blieb utopisch. Nirgendwo war ich daheim,

mich einzureihen vermochte ich nicht, obwohl ich am Lagerfeuer der Zukunft eine Stimme im Rate der Vorwärtsgerichteten innehatte. Freund der Tapferen und der Geschlagenen, Lehrer ohne Schule, habe ich manche auf den Weg gebracht, den ich selbst nur gegen überwältigende Hindernisse strauchelnd und in die 20 Irre gehen sollte. Dies einer der hastigen Abrisse einer Biografie, die abriss, kaum dass sie noch begonnen hatte.

Erstdruck einer Aufzeichnung vom 28.11.1950. In: Berthold Viertel: Nachlass in Dichtungen und Dokumente. Ausgewählt und hrsg. von Ernst Ginsberg. Kösel Verlag, München 1950, S. 322 sowie Marbacher Magazin 9/1978: Berthold Viertel im amerikanischen Exil.

Hermann Kesten: Aus dem Vorwort (1964)

[...] Ich weiß nicht, wie weit Menschen, die nie ihr Land zu verlassen gezwungen waren, sich das Leben im Exil vorstellen können, das Leben ohne Geld, ohne Familie, ohne Freunde und Nachbarn, ohne die vertraute Sprache, ohne einen gültigen Pass, ohne einen Ausweis oft, ohne Arbeitserlaubnis, ohne Aufenthalts- 5 erlaubnis häufig, ohne ein Land, das bereit wäre, den Exilierten aufzunehmen. Wer begreift diesen rechtlosen Zustand von Individuen, die ihr eigener Staat ächtet, verfolgt, verleumdet, gegen die er zuweilen Mörder über die Grenzen hinausschickt? Exilierte sind meist den untersten Polizeimenschen hilflos ausgeliefert, 10 Opfer der Fremdenpolizei, die sie von einer Grenze zur andern abschiebt. Die Schweiz z. B. ließ Exilierte meist nicht herein. Waren sie drin, schickte man sie fort. Blieben sie, verbot man ihnen zu arbeiten. Arbeiteten sie dennoch, schickte man sie ins Gefängnis. Exilierte deutsche Schriftsteller in der Schweiz durften weder in 15 der Schweiz noch im Ausland publizieren, um nicht den heimischen Talenten das Brot zu mindern. Ein Schweizer Polizeigenie namens Dr. Heinrich Rothmund und Adenauers Staatssekretär Dr. Hans Globke galten gemeinhin als die Erfinder des J in den Pässen deutscher Juden. Dieser Buchstabe J öffnete den deut- 20 schen Juden nicht, wie jeder fühlende Mensch annehmen müsste, alle Grenzen der zivilisierten Länder der Welt, sondern ver-

schloss diese Grenzen. Das ist ein Beweis mehr dafür, dass nicht
das Edle, sondern das Niederträchtige ansteckend wirkt wie keine
25 andere Seuche. […]

Hermann Kesten (Hrsg.): Deutsche Literatur im Exil. Briefe europäischer Autoren
1933–1949. S. Fischer Verlag, Frankfurt/M. 1973, S. 18. © Hermann Kesten Erben

Erich Fried: Bleirohre (1986)

Im August 1938 war ich als bettelarmer Flüchtling nach England
gekommen. Ich hatte keine Arbeitsbewilligung und die Unterstüt-
zung durch das Flüchtlingskomitee war zum Sterben zu viel und
zum Leben zu wenig. Ich wusste, dass es durch Hitler zum Krieg
5 kommen werde und dass dann alle den Nazibehörden bekannten
aktiven Antifaschisten und alle Juden auf die eine oder andere Art
umgebracht werden würden.

   Also bemühte ich mich, obwohl ich von Gaskammern natürlich
noch nichts ahnte, für möglichst viele Menschen Visa nach Eng-
10 land zu beschaffen, mit denen sie der Machtsphäre Hitlers ent-
fliehen konnten. Nach der so genannten Reichskristallnacht war
in vielen Fällen ein Visum auch entscheidend, um die freizube-
kommen, die bei einer Massenrazzia als Juden ins Konzentrati-
onslager gepfercht worden waren.

15 Da es um Leben oder Tod ging, war ich in der Wahl meiner Mit-
tel nicht heikel. Ich entdeckte, dass irische Arbeiterfamilien bereit
waren, für zehn Shilling, also nur ein halbes Pfund Sterling, eine
Unterschrift zu geben, dass sie ein Dienstbotenehepaar beschäf-
tigen würden. Dadurch konnten zwei Menschen nach England
20 kommen. Natürlich wollten diese Arbeiterfamilien nicht wirklich
Dienstboten beschäftigen. Aber die Bewilligung des Visums dau-
erte meistens so lange, dass auch echte Arbeitgeber mittlerweile
schon oft abgesprungen waren und jemand anderen eingestellt
hatten, so dass dann diese Flüchtlinge nach ihrer Ankunft
25 zunächst vom Komitee verpflegt oder an einen anderen Arbeits-
platz vermittelt werden mussten. Mein Hauptproblem aber war,
dass ich kein Geld hatte. Die Beträge zur Bezahlung der Unter-

schriften, ja, schon die Ausgaben für Briefmarken, überstiegen
meine Mittel.

Zum Glück gab es in London viele Häuser, die auf Abbruch leer 30
standen, weil die neunundneunzigjährigen Pachtverträge abge-
laufen waren. In Nordwestlondon allein waren es ganze Straßen-
züge wunderschöner, frühviktorianischer Villen in St. John's
Wood und Maida Vale. Meist war schon irgendwo ein Fenster
oder eine Tür aufgebrochen oder ließ sich leicht öffnen. In diesen 35
leer stehenden Häusern riss ich die Bleirohre der alten Wasserlei-
tungen los und verkaufte sie in einer kleinen Altmetallhandlung in
Maida Vale. Das war natürlich unrechtmäßig, aber der Erlös dien-
te bis auf den letzten Penny der Rettung von Menschen. Also
hatte ich auch da keine Gewissensbisse. Außerdem sagte ich mir, 40
würden sonst nur die Arbeiter, die das Haus abzureißen hatten,
diese Bleirohre auf eigene Rechnung verkaufen. Denen hätte ich
das zwar auch gegönnt, denn sie waren schlecht genug dran,
aber mein Anliegen schien mir doch wichtiger.

Eines Tages hatte ich eben ein großes Zimmer im obersten 45
Stockwerk eines leer stehenden Hauses betreten, als ein Wind-
stoß die Tür hinter mir zuschlug. Die Tür hatte noch ihr Schloss,
aber keine Klinken mehr. Durch das viereckige Loch für die Ver-
bindungsachse der Klinken konnte ich das Gangfenster sehen,
nur hinaus konnte ich nicht. Ich war gefangen. Im Zimmer lag die 50
Klinke nicht. Vielleicht hatte ich einen Vorgänger gehabt, der Tür-
klinken gesammelt hatte.

Ich hätte versuchen können, die massive, hundert Jahre alte
Tür einzutreten, aber dabei wäre dröhnender Lärm entstanden
und ein Polizist hätte mir kaum geglaubt, dass meine Bleisamm- 55
lung nur menschenfreundlichen Zwecken diente. Und gar ein
Polizeigericht? – Hätte das die Menschenfreundlichkeit meiner
Zwecke anerkannt oder wichtig gefunden? Hätte es nicht sogar
ein zweites oder drittes Vergehen daraus konstruiert, etwa Beste-
chung britischer Untertanen zum Zweck der Einschleusung von 60
Ausländern auf Grund falscher Angaben? Es wurde mir klar, dass
ich von den Behörden als Einbrecher und Dieb, wenn nicht als
etwas noch Ärgeres abgeurteilt werden könne. Das hätte Gefäng-
nis oder Ausweisung bedeutet.

65 Auch um Hilfe rufen war daher ausgeschlossen. Außerdem gingen die Fenster auf die menschenleeren Hintergärten hinaus. Ich hätte natürlich die belastenden Bleirohre, die ich bei mir hatte, zum Fenster hinauswerfen können, ehe ich um Hilfe rief, aber als Eindringling hätte ich immer noch gegolten. Außerdem wäre es
70 mir wie Verrat an den gefährdeten Menschen vorgekommen, in Gestalt meiner Bleirohre das zu ihrer Rettung notwendige Geld zum Fenster hinauszuwerfen.

Ich wusste, dass nebenan ein Gangfenster offen stand. Unterhalb meines Fensters lief eine ziemlich breite Mauerleiste rund
75 um das Haus. Konnte ich nicht, wenn ich mich an die Mauer anhielt, auf dieser Leiste hinüber zum offenen Gangfenster kommen? Aber als ich mit dem Stiel eines Besens, der im Zimmer stand, versuchsweise auf diese Mauerleiste schlug, bröckelte sie ab. Ich hätte mir das Genick gebrochen.

80 Der Besenstiel aber gab mir eine Idee. Ich zerbrach ihn am vorstehenden Fensterbrett, und der Bruch verlief, wie ich gehofft hatte, schräg. Es gelang mir, das Holz so fest in das viereckige Loch der Türklinke zu klemmen, dass ich es durch Drehen statt der fehlenden Klinke benützen und die Tür wieder öffnen konnte.
85 Ich war frei. Zuerst sah ich mich nach allen Seiten um, dann nahm ich die Bleirohre wieder an mich.

Von da an war ich zwar vorsichtiger, aber ich hörte nicht auf, Bleirohre zu sammeln und zu verkaufen. Mit dem Geld wurden alles in allem etwa zwanzig Menschen gerettet.

Erich Fried: Gesammelte Werke: Prosa. Hrsg. Volker Kaukoreit/Klaus Wagenbach.
Klaus Wagenbach Verlag, Berlin 1993, S. 572–574.

Stefan Hermlin: Rückkehr (1981)

Ende Juni oder Anfang Juli 1945 kam ich als einer der ersten Rückkehrer unter den Emigranten nach neunjähriger Abwesenheit wieder nach Deutschland. Ich war gerade 30 Jahre alt geworden. Das letzte Jahr des Krieges hatte ich in der Schweiz verbracht.
5 bracht. Es war nicht leicht gewesen, hatte aber doch etwas Idylli-

sches gehabt im Vergleich zu dem, was mir vorher begegnet war.

Die Alliierten hatten nach der deutschen Kapitulation die Gren-
zen gesperrt und die Anrainerstaaten angewiesen, niemand nach
Deutschland ausreisen zu lassen, um die Jagd nach Kriegsver-
brechern nicht zu erschweren. Ich konnte mich an derartige Ver- 10
fügungen nicht halten. Ich hatte Aufträge meiner Organisation
auszuführen, die meiner Ungeduld, Deutschland wieder zu se-
hen, durchaus entgegenkamen. Länder zu wechseln, ohne einen
Pass zu haben, war nicht nur mir zur Gewohnheit geworden. 200
Meter hinter der Grenze, die ich an einem Grenzstein erkannt 15
hatte, erwartete mich ein französischer Oberleutnant mit zwei
Soldaten und einem Jeep. Man fuhr mich tiefer ins Land. Ich
besaß ein französisches Soldbuch und einen Schweizer Flücht-
lingsausweis. In der ersten Stadt befahl der Oberleutnant den
Behörden, mir Papiere auszustellen und Lebensmittelkarten zu 20
geben.

Jeder weiß, dass, je älter man wird, desto schneller die Jahre
vergehen. Damals lag eine Unendlichkeit von neun Jahren hinter
mir. Ich hatte in dieser Zeit an die 20 Länder berührt – dies ist wohl
die treffende Bezeichnung, denn in manchen dieser Länder war 25
ich nur wenige Tage gewesen, aber wahrgenommen hatte ich ei-
gentlich keines, nicht einmal jene unter ihnen, in denen ich länger
geblieben war. Ich hatte fremde Menschen, Landschaften, Bau-
werke gesehen, aber all das war merkwürdig schattenhaft geblie-
ben, wie im Traum sprach ich andere Sprachen, manchmal wo- 30
chenlang kein deutsches Wort, in manchen Ländern hatte ich den
Krieg erlebt, aber nicht einmal er konnte mein Denken näher zu
Deutschland hinführen, weil Deutschland bereits meine Gedan-
ken beherrscht hatte, bevor er ausgebrochen war, und nicht nur
in der Nacht. Mit Selbstverständlichkeit hatte ich in einem Land 35
meine Jugend verbracht, in dem ich geboren war. Oder war das
nicht so selbstverständlich gewesen? Leidenschaftlich hatte ich
mit dem Rätsel Musik gelebt; ich hätte sie, diese Musik, auch an-
derswo hören können, hörte sie auch anderswo, sie gehörte der
Welt, dennoch schien sie sich mir nur dort ganz offenbaren zu 40
können, wo sie entstanden war. Die höchsten Schönheiten, die
mir die Fremde bot, schienen nur da zu sein, um mir meine Ab-

wesenheit deutlicher zu machen. Im Garten des Mena-House, in der Nähe der Pyramiden, vernahm ich plötzlich in mir eine einsa-
45 me Stimme, die „Ännchen von Tharau" sang oder „Ach, wie ist's möglich dann". Um mich her waren italienische oder spanische Laute, aber ich las eine Seite Goethe oder Stifter. […]

Stefan Hermlin: In einer dunklen Welt. Erzählungen. Reclam Verlag, Leipzig 1993, S. 38 ff.

Peter Härtling: Aus dem Nachwort

Es ist eine bedrückende Erfahrung, jetzt, nach der Vereinigung Deutschlands, in den Briefen von deutschen Schriftstellern zu lesen, die vor den Nazis ins Exil flohen – und es ist, von Brief zu Brief wurde es mir mehr klar, eine heilsame Erfahrung.

Die beiden deutschen Nachkriegsgeschichten sind 1990 zusam- 5
mengelaufen, aber der Knoten, der sie verbindet, schmerzt. Weshalb, darüber wird öffentlich so gut wie nicht nachgedacht. Im Gegenteil: die einen, mitgenommen von diesem unerwarteten Erfolg, brechen ohne Erinnerung in ein Morgen auf, während die anderen, die aus eigener Anstrengung und Wut ihre Geschichte 10
änderten, von den schon immer vergesslich Erfolgreichen in die Rolle der vergesslichen Missetäter gedrängt werden. Was die Bundesdeutschen nie oder nur unwillig und in Fragmenten bewältigt haben, die Nazivergangenheit, und was die DDR-Deutschen radikal bewältigt glaubten, ihre faschistische Vergangen- 15
heit, scheint den Bundesdeutschen nun endgültig bereinigt. Sie lassen ihre unbewältigte Nazivergangenheit dadurch stellvertretend von den DDR-Deutschen bewältigen, indem sie ihnen ihre Stasi- und SED-Vergangenheit mit wütender Aufräumementalität vorhalten. 20

Das ist eine neue Geschichte und eine alte dazu. Immerhin eine, in der sich unsere gemeinsame Vergangenheit auf wüste Weise vereint. Mit größter Eile werden Karl-Marx-Plätze umbenannt, Marx-Statuen abgeräumt (wobei es mir als einem, der in Chemnitz geboren wurde, nie einleuchtete, weshalb diese Stadt, in der 25
sich Karl Marx nicht eine Stunde aufhielt, nach ihm benannt werden musste), wird Marx als Gründer des realen Sozialismus, der er nie gewesen ist, verantwortlich gemacht für die ganze Fehlentwicklung, alles Elend, allen Terror, und alle, die sich von ihm, dem Götzen einer falschen Epoche, abwenden, haben seine Werke 30
vermutlich ebenso wenig gelesen wie jene akademisch gebildeten Volksgenossen, die am 10. Mai 1933 die Bücher von Karl Marx neben denen von Heinrich Mann, Alfred Kerr und anderen „der Flamme übergaben".

35 Was die Exilanten oberflächlich verbündete, war ihre Verfol-
gung durch den Nationalsozialismus, ihr Kampf gegen Hitler.
Viele waren Juden. Sie traf der mörderische Antisemitismus. Ge-
nauso uneingeschränkt verfolgt wurden Sozialdemokraten und
Kommunisten, dazu kamen konservative, christliche Gegner Hit-
40 lers.
Erst brannte der Reichstag, danach in ungezählten deutschen
Städten auf Scheiterhaufen die Bücher. Da befanden sich schon
die meisten ihrer Autoren auf der Flucht. Warnende Signale hatte
es genug gegeben. [...]
45 In der jungen Bundesrepublik wurde selten genug öffentlich
über die Emigration debattiert, und dann kaum, um die Exilanten
heimzubitten, eher wurde ihnen, die vor Hitler fliehen mussten,
vorgehalten, dass sie es weit bequemer im Exil gehabt hätten als
jene, die in Deutschland hatten „aushalten müssen". Auf die
50 schäbigste Weise entwickelte sich so aus der „Durchhalteparole"
der Nazizeit eine Aushaltegesinnung. Frank Thieß, der 1933
martialisch für Hitler geschrieben hatte, fand in der Auseinander-
setzung mit Thomas Mann, der nicht bereit war, so einfach
zurückzukehren, die fragwürdige Bezeichnung von der „inneren
55 Emigration". Es wurde kaum mehr gefragt, wie viele sich auf der
Flucht vor Hitler das Leben nahmen. Wie viele an Heimweh star-
ben. Wie viele, die in Deutschland mit Erfolg veröffentlicht hatten,
umgeben von einer fremden Sprache verstummten. Wie viele
verarmten. Es wurde noch nie, bis heute nicht, gefragt, wie viele
60 nach 1945 nicht heimkehrten, es vorzogen, im Fremden „unge-
wollt zu Haus" zu bleiben. [...]
Die beiden deutschen Nachkriegsstaaten eröffneten jeweils ihr
Zeitalter und verschlossen jeweils ihre Erinnerungen. Die Bun-
desrepublik Deutschland entwickelte unter der lockeren Aufsicht
65 der drei westlichen Siegermächte ihre Form von parlamentari-
scher Demokratie, nahm sich Freiheiten und gewann Freiheiten,
ließ es locker und unerhört vergesslich zu, dass in den ersten
Jahrzehnten führende Nazis auch weiter gehobene Dienste – nun
eben für die Republik – verrichteten, ertrug die Unruhen von Acht-
70 undsechzig und übte auf die andere Republik, die Deutsche De-
mokratische, eine die Wirtschaftswunderlichkeiten ausspielende

Fernsehattraktion aus. Nur verhältnismäßig wenige Emigranten kehrten – und sie nicht gerufen – in die florierende Bonner Republik zurück.

Die Deutsche Demokratische Republik wurde unter der strengen Aufsicht der sowjetischen Siegermacht installiert, von einer Gruppe deutscher Kommunisten, die aus Moskau zurückkehrte. Diese Leute um Ulbricht verhinderten entschlossen die Entwicklung einer Mehrparteiendemokratie und versuchten eine Tradition zu begründen, in der die (kommunistische) Emigration ebenso wenig vergessen wurde wie der Kampf gegen Hitler, gegen den Faschismus. Schon darum waren Remigranten willkommen, namhafte und namenlose, wobei nicht alle dem Staat Ulbrichts auf die Dauer genehm blieben. Der Antifaschismus freilich wurde zur Allzweckidee gegen den Klassenfeind, den Kapitalismus. Die Geschichtlichkeit dieser politischen Erfahrung ging auf diese Weise verloren. Was jeden von uns bis heute kränken sollte, wurde zu einer ausgehöhlten Parole.

Wir fangen nicht an, wir setzen fort. Und wir sollten uns im Klaren darüber sein, welche Geschichte wir fortsetzen, fortsetzen wollen. […]

„Ich war für all das zu müde." Briefe aus dem Exil. Nachwort und gesammelt von Peter Härtling. Luchterhand Verlag, Neuwied 1991, S. 167 ff.

Wolf Biermann:
Reden über das eigene Land: Deutschland

[…] Mit siebzehn verließ ich meine Vaterstadt und ging, gegen den Strom der Flüchtlinge, nach drüben. In der DDR suchte ich mein Vaterland, will sagen: das Land meines Vaters.

Dreiundzwanzig Jahre lebte ich dort, davon die zweite Hälfte als staatlich anerkannter Staatsfeind mit Maulkorb. Das war eine gute und lebendige Zeit, und ich hatte nicht nur Genossen dort, sondern sogar Freunde. Freiheiten mögen erbettelt, erzwungen und auch gewährt werden. Aber Freiheit, *die* Freiheit ist immer nur eine, die man sich nimmt. Und wir nehmen sie uns im so ge-

10 nannten Realen Sozialismus, an dem alles real war, ausgenom-
men der Sozialismus.

Ich hatte über der Spree auf der Weidendammer Brücke nie-
mals Sehnsucht nach dem Rhein, nie nach dem Westen – wohl
aber gelegentlich nach der Elbe in Hamburg. Die gewaltigen
15 Gerüche des Hafens, Nasenseligkeiten meiner Kindheit: Gemisch
aus Teer und fauligem Fisch und Schlick und Öl und Westwind
von der Nordsee. Seit elf Jahren hab ich wieder diesen Geruch in
der Nase und genieße ihn. Nicht von der Maas bis an die Memel,
mein „Deutschland, Deutschland"-Lied heißt so:

20 *Von Hamburg bis Guernica,*
Von Altona bis Auschwitz.

Es ist schwer über Deutschland zu reden. Wir wissen alle zu viel
davon und haben zu wenig begriffen. Man gerät ins Grübeln, so
sehr, dass die Rangordnung der Wichtigkeiten und der Nichtig-
25 keiten zusammenbricht. Gedanken und Gefühle verheddern sich.
Ich hab mehr erlebt, als ich durchschauen konnte.
Reden über das eigene Land – Deutschland.
Reden. Reden über … Reden über das Eigene … Reden über das
eigene Land … Reden über das eigene Land – Deutschland. Der
30 Titel dieser Serie – er suggeriert geradezu den elegantesten
Schlenker, dass es klüger wäre zu schweigen. *Si tacuisses, philo-*
sophus mansisses – für mich ins Deutsche gebracht: Mensch,
Biermann, hättest du lieber Lieder gesungen, du wärest ein Dich-
ter geblieben.

35 *Hier fallen sie auf den Rücken*
Dort kriechen sie auf dem Bauche
Und ich bin gekommen
  ach, kommen bin ich
  vom Regen in die Jauche

40 Mit diesem Refrain beginnt mein Lied „Deutsches Miserere".
Mein erster Versuch nach der Ausbürgerung vor elf Jahren. Ver-
gleiche die DDR mit der Bundesrepublik.

Und als ich von Deutschland nach Deutschland
Gekommen bin in das Exil
Da hat sich für mich geändert 45
So wenig, ach! und so viel
Ich hab ihn am eigenen Leibe
Gemacht, den brutalen Test
Freiwillig von Westen nach Osten
Gezwungen von Ost nach West … 50

Ja ja, das Bitterwort Exil. Es klingt nach Wehleidigkeit und Auf-
schneiderei. Wie kann man von Exil sprechen, wenn einer bloß
von Deutschland nach Deutschland gejagt wurde, man behält im-
merhin seine liebe deutsche Sprache. Und du kriegst den neuen
Pass nachgeschmissen. Im Vergleich mit den Bitternissen des 55
Exils der Deutschen, die vor den Faschisten flohen, ein leichtes
Leben.

Aber das ist nur halb wahr. Wer vor den Nazis nach England
oder in die USA floh, fand dort die vertrauten bürgerlichen Frei-
heiten wieder, die Hitler in Deutschland abgeschafft hatte. Wer 60
aber von Ost nach West geht, der muss eine grundsätzlich anders
verfasste Gesellschaft lernen. Er wechselt nicht nur die Länder,
sondern Welten. […]

Wolf Biermann: Rede, gehalten am 1. November 1987 in den Münchner Kammer-
spielen. In: Klartexte im Getümmel. 13 Jahre im Westen. Verlag Kiepenheuer &
Witsch, Köln 1990, S. 240 ff.

Wolf Biermann: Der Sturz des Dädalos

[…] November 76. Das Konzert in Köln.
Mir passierte das nach 12 Jahren Schweigen. Da war ich ein Ge-
schrei aus allerhand Hälsen. Da flog ich hoch am Medienhimmel
und badete im Licht der Scheinwerfer. Ein Narr sagt, was er weiß
– und ein Weiser weiß, was er sagt? Das sind so Sprüche. Aber 5
wissen die Weisen, was sie sagen, wenn sie fordern: Im Moment
des Triumphs sollte man den Abgang machen? Das launische

Pack im Parkett will nicht behelligt werden mit dem gewelkten
Helden der vorigen Saison. Aber eins nach dem andern.

10   So war das in meinem letzten Ostjahr. Allan Ginsberg aus New
York suchte mich heim. Ich zeigte ihm mein Berlin, meine Fried-
richstraße, meine Spree, mein Geländer auf der Weidendammer
Brücke mit meinem Preußenadler aus Gusseisen. Und ich stellte
mich ans Geländer und sagte: Schau, Allan, wenn ich mich so

15   richtig hinstelle, dann wachsen mir die Flügel des verfluchten Vo-
gels aus den Schultern. Dann bin ich der Preußische Ikarus. Und
er sagte: „Great! Lemme take a picture." Danach stellte er sich
vor den Adler, und er sagte: „Me too!" So knipste ich ihn in der
gleichen Pose: great! dann drückte Allan einem Passanten sein'

20   Apparat in die Hand und zerrte mich vor unsern Vogel – great!
great! wir beide als Doppeladler! Ich sagte: Allan, das ist doch ei-
gentlich 'n Thema: „Der Preußische Ikarus". Wolln wir nicht jeder
darüber 'n Gedicht versuchen? – ja, great, sagte der große Dich-
ter der beat-generation. Und als er wieder auf der anderen Seite

25   der Welt war, schrieb ich meine Ballade von der Angst vor einem
Absturz in den Westen. Ich sang das Lied zum ersten Mal öffent-
lich an diesem 13. November in der Sportarena in Köln.

Vor den Gummilinsen der Fernsehkameras hätte ich so me-
diengerecht im hektischen Desinteresse den schönsten Helden-

30   tod haben können. Ich wäre der „Preußische Ikarus" geblieben,
mit einem haltbaren Lied als Grabstein. Der zerschellte Dissident,
eine dankbare Rolle in diesem westöstlichen Zirkus – da war ich
ja noch das schuldlose Opfer. Mit dieser Ballade wäre ich euch
elegant davongekommen.

35   *Da, wo die Friedrichstraße sacht*
Den Schritt über das Wasser macht
Da hängt über der Spree
Die Weidendammer Brücke. Schön
Kannst du da Preußens Adler sehn
40   *Wenn ich am Geländer steh*
Dann steht da der Preußische Ikarus
mit grauen Flügeln aus Eisenguss
dem tun seine Arme so weh

Er fliegt nicht hoch, und er stürzt nicht ab
　macht keinen Wind, und er macht nicht schlapp　　45
　　am Geländer über der Spree

Der Stacheldraht wächst langsam ein
Tief in die Haut, in Brust und Bein
Ins Hirn, in graue Zelln
Umgürtet mit dem Drahtverband　　50
Ist unser Land ein Inselland
Umbrandet von bleiernen Welln
　Da steht da der Preußische Ikarus
　　mit grauen Flügeln aus Eisenguss
　　　dem tun seine Arme so weh　　55
　Er fliegt nicht hoch, und er stürzt nicht ab
　　macht keinen Wind, und er macht nicht schlapp
　　　am Geländer über der Spree

Und wenn du weg willst, musst du gehn
Ich hab schon viele abhaun sehn　　60
Aus unserm halben Land.
Ich halt mich fest hier, bis mich kalt
Dieser verhasste Vogel krallt
Und zerrt mich übern Rand
　Dann bin ich der Preußische Ikarus　　65
　　mit grauen Flügeln aus Eisenguss
　　　dann tun mir die Arme so weh
　Dann flieg ich hoch, und dann stürz ich ab
　　mach bisschen Wind, und dann mach ich schlapp
　　　am Geländer über der Spree.　　70

Dieses Gedicht hat mehr Sozialistischen Realismus, als ich ge-
wollt hatte. Und im Westen wurde das Lied wahrer, als es gesollt
hatte. Im ersten Schreck nach dem Kölner Konzert hatte ich noch
'ne gute Nase für die Dramaturgie meines eignen Dramas: Ich
wollte mich abtreiben. Keine Sorge, ich wollte nur als das ster-　75
ben, was ich geworden war – ansonsten munter weiterleben –,
aber eben als ein andrer. Den Preußischen Ikarus wollte ich or-

dentlich begraben. Schluss mit dem Schreiben. Vom Westen
wusste ich nichts – und vom Osten wollte ich nichts mehr wissen.
80 Ich muss ja nicht schreiben, ich kann ja auch andres, dachte ich.
Ich glaubte nicht, dass ich im Westen noch brauchbare Lieder zu-
stande bringe. Der Osten hatte mich gestachelt, der Westen, das
wusste ich, würde mich stumpfen. So dachte ich. Es spielte in mir
zu wenig blinde Liebe mit, im westlichen Spiel, zu wenig hell-
85 sichtiger Hass. Ich warf im ersten Schreck ein Buch mit dem Titel
NACHLASS 1 auf den Markt – und spekulierte dabei hinter mei-
nem Rücken auf den Entsetzensschrei des Publikums: Nein, nicht
Nachlass! Wolf! Lass nicht nach! Schreibe weiter! Singe weiter!!
– Aber das Publikum nahm es mehr kalt literarisch. […]

Was wird bloß aus unsern Träumen
90 *In diesem zerrissnen Land*
Die Wunden wollen nicht zugehn
Unter dem Dreckverband
Und was wird mit unsern Freunden
Und was noch aus dir, aus mir
95 *– ich möchte am liebsten weg sein*
und bleibe am liebsten hier

Dableiben und weggehen – und beides lieber. Sterben und leben-
dig leben – und beides lieber. Paar Wahrheiten ausschreien, und
100 lieber die Schnauze halten – und beides lieber. So wurde mein
NACHLASS in diesem westlichen Affentheater, ein „falscher Ab-
gang", was die Theaterleute „la fausse sortie" nennen – hoppla!
der Tote erscheint im nächsten Akt putzmunter wieder auffer
Bühne. […]

Wolf Biermann: Klartexte im Getümmel, a. a. O., S. 294 ff.

Gino Chiellino: Die Fremde als Ort der Geschichte

geb. 1946 in Carlopoli (Italien)
seit 1970 in der Bundesrepublik Deutschland

[...] Heimat und fremde Umgebung bzw. Heimatverlust und All-
tag in der Fremde sowie das Bedürfnis, das Erfahrene und das
Gedachte mitzuteilen, sind sicherlich als Quellen meiner Motiva-
tion, Lyrik zu schreiben, zu betrachten. Nur die Übernahme einer
Vermittlerrolle zwischen Heimat und Fremde, zwischen Gestern 5
und Heute (in beiden Richtungen und gleichzeitig) ist für meine
Lyrik nicht zutreffend. Denn was mich mit der Heimat verbindet,
ist der Verlust der Heimat und nicht die Heimat als Gesprächs-
partner oder Adressat meiner Literatur.

Auslöser meiner Motivation zu schreiben war bei mir die Not- 10
wendigkeit, jene totale Isolation zu durchbrechen, die nach dem
Heimatverlust in einer fremden Umgebung um mich herum ent-
standen war. Als Heimatverlust verstehe ich weniger den Gang in
die Fremde als die Unmöglichkeit, sich weiterhin als Teil der Dorf-
gemeinschaft oder sogar der eigenen Familie zu verstehen. Die 15
„freiwillige" Abfahrt aus der Heimat wird im Dorf als ein durch
nichts zu begründendes Entfernen aus der Dorfgemeinschaft ver-
standen. Irgendeine Art von Notwendigkeit für diese Trennung
wird nicht zugegeben, obwohl in meinem Dorf und in meiner Fa-
milie diese Trennung von jeder Generation und seit einem Jahr- 20
hundert praktiziert wird.

Ein Bruch, der nur durch eine erfolgreiche Rückkehr zu über-
winden wäre. Ein Bruch, der auf beiden Seiten voller Schweigen
und Verdrängen ist und der auf allen wie die Vertreibung aus dem
Paradies lastet. Und er wird durchaus, im Nachhinein, als eine 25
solche Vertreibung erlebt.

*Irmgard Ackermann/Harald Weinrich (Hrsg.): Eine nicht nur deutsche Literatur. Zur
Standortbestimmung der Ausländerliteratur. Piper Verlag, München 1986, S. 13f.*

Güney Dal: Chronik der Auswanderung

geb. 1944 in Çanakkale (Türkei)
seit 1972 in Berlin

In den sechziger Jahren wurde die Türkei Zeuge einer Reihe von
wichtigen sozialen Bewegungen. Eine davon war die Ver-
schickung unserer Menschen in Scharen von tausenden Leuten
zu den anwerbenden Ländern; eine so genannte „Auswande-
5 rung", wie sie in unserem Land genannt wurde. Diese Menschen,
die sich zunächst in der Bundesrepublik Deutschland, später in
anderen reichen Ländern Europas und in den siebziger Jahren in
reichen Ölländern wie Libyen und Saudi-Arabien ausbreiteten,
wurden Schauspieler eines eigenartigen Dramas, das in seiner
10 Art einmalig für unser Jahrhundert ist.
Diese Wirtschaftsverbannten der großen Wanderung am Ende
des zwanzigsten Jahrhunderts haben sich mit Kind und Kegel von
einem Land zum anderen hingeschleppt und schleppen sich noch
hin.
15 Die Bundesrepublik Deutschland wurde das typische Feld, in
dem sich alle möglichen Konflikte und Widersprüche der Außen-
und Innenwelt dieser Arbeitsverbannten vielfältig widerspiegeln.
Ich lebe seit 1972 in West-Berlin. Seitdem befinde ich mich in di-
rekten und akuten Verhältnissen dieser „Auswanderung". Und
20 ebenfalls seitdem sind diese Verhältnisse, diese Zustände und
das jeweilige Befinden der Arbeitsverbannten Themen meiner li-
terarischen Arbeiten. Der Mensch ist der Mittelpunkt aller meiner
literarischen Arbeiten. Davon ausgehend ist es mein Ziel gewor-
den zu versuchen, den Menschen einen Teil des meiner Meinung
25 nach noch nicht entdeckten „Menschenlandes" zu erzählen. Weil
ich durch Schreiben zu diesem Ziel kommen will, will ich mich in
den Formen der Literatur bewegen.
[…] Als ein in Berlin lebender türkischer Schriftsteller ist meine
Existenz nicht unabhängig von der Existenz meiner 150 000
30 Landsleute in dieser Stadt. Deren Konflikte mit diesem hoch in-
dustrialisierten Land, ihre Anpassungsschwierigkeiten, Entfrem-
dungen und menschlichen Neigungen, ihre vielen geistigen und

seelischen Auseinandersetzungen sind die thematischen Quellen meines literarischen Schaffens. Aus einem anderen Blickwinkel sind sie für mich die Vertreter des Exils in unserer Zeit, dessen Ge- 35 schichte tausende von Jahren zurückreicht. Seit über 25 Jahren leiden sie – bewusst oder unbewusst – unter der sozialen und kulturellen Entwurzelung.

Ich bemühe mich, mitten in diesem Prozess, aber auch außerhalb dieses Prozesses zu leben, um die Veränderung dieses Men- 40 schenlandes zu beobachten und in literarischen Formen wiederzugeben.

Ackermann/Weinrich (Hrsg.): Eine nicht nur deutsche Literatur, a. a. O., S. 16 f.

Franco Biondi: Die Fremde wohnt in der Sprache

geb. 1947 in Forli (Italien)
seit 1965 in der Bundesrepublik Deutschland

[…] Genauer ausgedrückt: In der deutschen Sprache habe ich mir ein Zuhause errichtet. Dennoch bleibt in der Sprache die Fremde wohnen. Sprache ist an und für sich Fremde. Jeder Mensch muss in seinem Leben sein eigenes Zuhause in der Sprache errichten. Ein Leben lang muss er daran arbeiten, muss er die darin enthal- 5 tene Fremde bewohnbar machen. Neben dieser grundsätzlich der Sprache innewohnenden Fremde gibt es für mich als Angehörigen einer Minderheit in der Bundesrepublik eine weitergehende Fremde. So bin ich in mehrfacher Hinsicht ein Fremder geblieben, ein Fremder, der sich in der Fremde zwar relativ freizügig bewe- 10 gen kann und dennoch darin gefangen ist. Gefangen durch die Einengung der existenziellen Möglichkeiten, die darin vorgenommen werden.

Eine Zeit lang war für mich das Schreiben in deutscher Sprache mit der Identitätsfrage verbunden. Denn auch hier wie bei der an- 15 fänglichen Besessenheit, die gesamte deutsche Sprache beherrschen zu wollen, erfuhr ich Sprache als eine fremde Macht, der ich ausgeliefert war und gegen deren Omnipotenz ich kämpfen

musste. Es hat mehrerer „Lichtjahre" bedurft, bis ich für mich
20 entdeckte, dass diese Blickwinkel verkürzt waren. So wenig man
eine Sprache beherrschen kann, ebenso wenig kann man ihr aus-
geliefert sein. Eher finden in ihr Macht und Ausgeliefertsein in
den alltäglichen Beziehungen ihren Niederschlag. Gegenwärtig
interpretiere ich daher meinen Bezug zur deutschen Sprache so,
25 dass ich darin eine multikulturelle Identität suche, jenseits der na-
tionalen und kulturellen Schranken, die mit einer Sprache ver-
bunden sind. Ich glaube, dass in der Unerschöpflichkeit der Spra-
che diese Möglichkeit enthalten ist. [...]

Ackermann/Weinrich (Hrsg.): Eine nicht nur deutsche Literatur, a. a. O., S. 30.

Zafer Şenocak: Plädoyer für eine Brückenliteratur

geb. 1961 in Ankara (Türkei)
seit 1970 in der Bundesrepublik Deutschland

[...] Manche Sprachen, insbesondere die des Mittelmeerraums,
sind reichhaltiger an Bildern als das Deutsche. Neue Ausdrücke
und Bilder in der Sprache bewegen die Erstarrung, erweitern die
Ausdrucksmöglichkeiten, ermöglichen dadurch eine höhere Stufe
5 der Wahrnehmung. Aus stilistischen Elementen, literarischen Tra-
ditionen und Formen kann die deutsche Literatur einen neuen
Atem schöpfen. Man denke an die mündlichen Erzähltraditionen
des Balkans und des Orients, an lyrische Formen wie Stanze, Gha-
sel oder Haiku, die ihren Eingang in die deutsche Literatur bereits
10 gefunden haben.
[...] Deutsche Literatur, die von außen kommt, – eine Neuerschei-
nung?
Schon Goethes Divan stellt eine Annäherung an die Formen
und Inhalte der orientalischen Dichtung dar. Ein Werk, in dem sich
15 Orient und Okzident treffen, um neue kulturelle Blüten zu entfal-
ten, statt sich gegenseitig niederzubrennen. Goethes Werk, wie
auch die spätere übersetzerische und dichterische Leistung von
Rückert und Platen, legen Zeugnis ab von einer humanen, tole-

ranten, weltoffenen Haltung. Der Geist Rückerts drückt sich in dem Spruch „Weltpoesie allein ist Weltversöhnung" aus. Fast ein 20 ganzes Jahrhundert lang bis zu Hofmannsthal und Klabund beeinflussten orientalische Dichtungen die deutsche Literatur. Freilich wurden dabei auch die Gefahren einer leichtfertigen Begeisterung sichtbar. Mancher Dichter verfiel einer seichten Kopie des Exotischen, blieb aber der Materie weitgehend fremd. Auch hier 25 bewirkte die Mode den Tod. Immermann schrieb höhnisch:

> „Von den Früchten, die sie aus dem Gartenhain von Schiras stehlen, Essen sie zu viel, die Armen, und vomieren dann Ghaselen –"

Die breite Ausdehnung des deutschen Sprachraums erleichterte 30 die Einwirkung von fremden Einflüssen auf die deutsche Literatur. Städte wie Czernowitz, Geburtsort von Paul Celan, lagen im Schnittpunkt von Kulturen. Dort trafen sich das Jüdische und das Christliche, das Einheimische und das Deutsche.

Es zeigt sich, dass Literatur von der Erfahrung des Fremden und 35 von der Synthese verschiedener Kulturen gewinnen kann. Dort, wo eine ernsthafte Auseinandersetzung mit dem Fremden stattfindet, in einer Atmosphäre der Toleranz und der Offenheit, wird der künstlerische Horizont erweitert, öffnen eigenartige und reizvolle literarische Schöpfungen ihre Knospen. […] 40

Ackermann/Weinrich (Hrsg.): Eine nicht nur deutsche Literatur, a. a. O., S. 66 ff.

Heimat bedeutet ursprünglich den Ort, an welchem man sein Haus (Heim) hat, an welchem man wohnt, ist also genau entsprechend dem lat. domicilium. Die H. steht im Gegensatz zum Ort des faktischen Aufenthalts und ist andererseits verschieden von der Staats-
5 angehörigkeit oder dem Indigenat. Die H. ist die rechtlich anerkannte und rechtlich wirksame Zugehörigkeit zu einer Gemeinde, auf welcher die kommunalpolit. Rechte und Pflichten beruhen; daher sind die Voraussetzungen für den Erwerb und Verlust der H. rechtlich geregelt. Hierdurch entstand allmählich ein Unterschied zwischen H.
10 und Domizil; denn das letztere wird durch Niederlassung an einem Orte begründet, auch ohne daß die Bedingungen für den Erwerb des Heimatsrechts an diesem Orte oder für den Verlust desselben an dem frühern Wohnorte gegeben sind. Während für den Gerichtsstand und die privatrechtlichen Beziehungen das Domizil maßgebend wurde,
15 hatte für den Gewerbebetrieb, die Gemeindebürgerrechte und den Anspruch auf Armenunterstützung die H. ihre alte Bedeutung bis in die neueste Zeit beibehalten. Hierdurch entstand ein vom Domizil verschiedener Rechtsbegriff der H.

Brockhaus Conversations-Lexikon. F. A. Brockhaus, Mannheim 1883.

Heimat, subjektiv von einzelnen Menschen oder kollektiv von Gruppen, Stämmen, Völkern, Nationen erlebte territoriale Einheit, zu der ein Gefühl besonders enger Verbundenheit
5 besteht. Im allgemeinen Sprachgebrauch ist H. zunächst auf den Ort (auch als Landschaft verstanden) bezogen, in den der Mensch hineingeboren wird, wo er die frühen Sozialisationserlebnisse hat, die weithin Identität, Charakter, Mentalität, Einstellungen und schließlich auch Weltauffassungen prä-
10 gen. Insoweit kommen dem Begriff grundlegend eine äußere, auf den Erfahrungsraum zielende, und eine auf die Modellierung der Gefühle und Einstellungen zielende innere Dimension zu, die (zumal der Begriff H. zunächst mit der Erfahrung der Kindheit verbunden ist) dem Begriff eine meist
15 stark gefühlsbetonte, ästhet., nicht zuletzt ideolog. Komponente verleihen. Ein solcher mehrdimensionaler, aber immer

mit den gefühlsbetonten Komponenten ‚erster Erfahrungen'
versehener Begriff kann dann auch spätere ‚Beheimatungen'
im Erwachsenenalter, eine geistige, kulturelle und sprachl.,
nicht zuletzt polit. H. bezeichnen.

Begriffsinhalt und Begriffsgeschichte   20
In etholog. und anthropolog. Hinsicht reflektiert H. zunächst
das Bedürfnis nach Raumorientierung, nach einem Territori-
um, das für die eigene Existenz Identität, Stimulierung und
Sicherheit bieten kann (PAUL LEYHAUSEN, *1916). In existenz-
philosoph. Hinsicht stellt H. in Wechselbeziehung zum Begriff   25
der Fremde eine räuml. und auch zeitbezogene (Traditionen)
Orientierung zur Selbstgewinnung des Menschen bereit (O. F.
BOLLNOW). In soziolog. Hinsicht zählt H. in Komplementarität
zu Fremde zu den Konstitutionsbedingungen von Gruppen-
identität (G. SIMMEL). In diesen beiden letzten Betrachtungs-   30
weisen wird dem Begriff H. neben der inneren auch eine ei-
gene histor. Dimension zuerkannt. Denn trotz einer mögli-
cherweise ‚allgemein menschl.' Fundierung hat der Begriff H.
histor. Entwicklungen durchlaufen, die selbst wieder histor.,
soziale und psych. Prozesse widerspiegeln; von hier aus er-   35
geben sich versch. Verwendungsweisen des Begriffs und un-
terschiedl. Schattierungen in der Bedeutung.
   Folgt man den Belegen des grimmschen Wörterbuchs, so
wird eine Bedeutungsvielfalt des Begriffs H. deutlich, die vom
elterl. Haus über die Landschaft der eigenen Region bis zur   40
‚himmlische Heimat' (P. GERHARDT) variiert. Gleichwohl gibt
es eine – auch rechtlich relevante – Bedeutung, die den Be-
griff in den Zusammenhang des Besitzes von Haus und Hof,
also eines festliegenden, geographisch bestimmten Raumes
mit seinen entsprechend prägenden Erfahrungen, einbringt.   45
Die relativ enge Bindung des Begriffs H. an Eigentum und Be-
sitz zeigt sich u. a. in den Bestimmungen zum H.-Recht, das in
den dt. Ländern bis über die Mitte des 19. Jh. hinaus galt. Wer
Grundeigentum in einer Gemeinde hatte, kam automatisch in
den Genuss des ‚H.-Rechts', mit dem die Erlaubnis zur Ver-   50
heiratung und Niederlassung und zur Ausübung eines Ge-

werbes verbunden war, das im Falle der Verarmung aber
auch die Versorgung durch die Gemeinde vorsah. Diese Bin-
dung von H. an materiellen Besitz, die damit gleichermaßen
55 Besitzlose (Gesinde, Tagelöhner, ehem. Soldaten) als ‚Hei-
matlose‘ von diesen Rechten ausschloss, verweist so auf den
histor. Charakter des Begriffs: Er reflektiert die Vorstellung der
‚besitzenden‘ sozialen Schichten, insbesondere des Bürger-
tums und der ländl. Aristokratie. Ein solches Verständnis von
60 H. bietet auch den Anlass zu späteren ideolog. Ausformungen
des Begriffs (die Darstellung des Proletariats als ‚vaterlands-
lose Gesellen‘, die Bindung von Wahlrechten an Besitz,
schließlich Fremdenhass und ‚H.-Verteidigung‘). Denn das H.-
Recht garantierte nicht nur einen Versorgungsanspruch, son-
65 dern fungierte ebenso häufig als Ausschlussprinzip (H. BAU-
SINGER), bes. dort, wo H. auf den vorstaatl. Raum der Gemein-
de (R. KÖNIG) bezogen wurde, die bis heute in Dtl., aber auch
in der Schweiz eine eigenständige Bedeutung behielt. Erst die
Menschenrechtserklärung der UNO von 1948, die die Freizü-
70 gigkeit und das Recht der Rückkehr in die jeweils eigene H.
forderte, koppelte das H.-Recht an die Existenz der Person
und nicht mehr an die besonderen Rechtslage eines Ortes oder
an das Vorhandensein von Besitz. [...]

*Brockhaus. Die Enzyklopädie in 24 Bänden. Bd. 9. F. A. Brockhaus GmbH, Leipzig/
Mannheim 2001, 20. Auflage, S. 631.*

Anna Seghers: Vaterlandsliebe (1935)

[...] Vielleicht ist um keine Idee raffinierter und trivialer geschrift-
stellert worden als um die: Vaterland. Um keine wurde mehr
Schultinte von Knaben verkleckst, mehr Blut von Männern ver-
gossen. Ideen, mit denen viel gehochstapelt wird, sind verdäch-
5 tig. Da nennen Schriftsteller „Vaterland" den gültigsten aller
immanenten Werte, den gültigsten aller Stoffe. Andere entlarven
ihn als einen Betrug oder als eine Fiktion. Ein deutscher Schrift-
steller nennt das Vaterland „unentrinnbaren Lebensraum, mittle-

ren der drei Daseinsräume, von denen der engste unser Körper,
der weiteste unsere Erde sein soll". Vergisst dieser Schriftsteller, 10
dass auch diese Erde in unserem Bewusstsein nicht immer die
gleiche war, sie ist erst die unsere geworden durch Kepler und Ko-
pernikus, unter Kämpfen und Opfern.

Es ist noch nicht allzu lange her, seit Menschen für die Idee „Va-
terland" ein schweres Leben erleiden oder einen schweren Tod. 15
Am Anfang der bürgerlichen Epoche, da wurde der Nationalstaat
die neue und weite und gemäße Form für neue gesellschaftliche
Inhalte, ein Tiegel, in dem die Reste des Feudalismus vertilgt
wurden. Damals war es ein und dasselbe, Patriot und Revolu-
tionär zu sein. Heute hämmern Schriftsteller vieler Länder der Ju- 20
gend ein, nach leeren und ratlosen Zeitabläufen sei eine Epoche
nationaler Besinnung, nationaler Verwirklichung angebrochen.
Ist ihre Vaterlandserfüllung die gleiche wie am Anfang der bür-
gerlichen Epoche? Die historische notwendige Form eines neuen
gesellschaftlichen Inhalts, die Vaterlandserfüllung Manzonis und 25
der Marseillaise, „Liberté, liberté chérie"? Oder dient sie als
Klammer, um eine aus den Fugen gehende Gesellschaft mit
Zwang zusammenzuhalten? Täuschen wir uns aber nicht, wir
kommen mit der Verneinung dieser Frage keinen Schritt weiter.
Auf jeden Irrtum in der Einschätzung der nationalen Frage rea- 30
gieren die Massen unerbittlich.

Wenn im Bewusstsein der heutigen Menschen der Vaterlands-
begriff längst entlarvt schien, er regenerierte sich trotzdem täg-
lich und minütlich aus dem Sein heraus. Jeder Zuruf in der Mut-
tersprache, jeder Erdkrümel zwischen den Fingern, jeder Hand- 35
griff an der Maschine, jeder Waldgeruch bestätigte ihnen von
neuem die Realität ihrer Gemeinschaft.

[...] Erinnern wir uns, was Maxim Gorki auf dem Sowjet-Schrift-
stellerkongress über die eminente gesellschaftliche Bedeutung
von Geisteskrankheit gesagt hat. Bedenkt die erstaunliche Reihe 40
der jungen, nach wenigen übermäßigen Anstrengungen ausge-
schiedenen deutschen Schriftsteller. Keine Außenseiter und keine
schwächlichen Klügler gehören in diese Reihe, sondern die
Besten: Hölderlin, gestorben im Wahnsinn, Georg Büchner, ge-
storben durch Gehirnkrankheit im Exil, Karoline Günderode, 45

gestorben durch Selbstmord, Kleist durch Selbstmord, Lenz und
Bürger im Wahnsinn. Das war hier in Frankreich die Zeit Sten-
dhals und später Balzacs. Diese deutschen Dichter schrieben
Hymnen auf ihr Land, an dessen gesellschaftlicher Mauer sie ihre
50 Stirnen wund rieben. Sie liebten gleichwohl ihr Land. Sie wussten
nicht, dass das, was an ihrem Land geliebt wird, ihre unaufhörli-
chen, einsamen, von den Zeitgenossen kaum gehörten Schläge
gegen die Mauer waren. Durch diese Schläge sind sie für immer
die Repräsentanten ihres Vaterlandes geworden. […]

*Anna Seghers: Aufsätze, Ansprachen, Essays 1927–1935. Aufbau Verlag, Berlin
1980. (Anna Seghers Gesammelte Werke in Einzelausgaben. Bd. XIII.), S. 33 ff.*

Ernst Bloch: Das Prinzip Hoffnung (1959)

[…] Ziel ist jene Gemeinschaft, wo die Sehnsucht der Sache nicht
zuvorkommt, noch die Erfüllung geringer ist als die Sehnsucht.
Das ist Sein wie Hoffnung. […] Gerade aber auch das menschli-
che Vermögen zu solch absolutem Zielbegriff ist das Ungeheure
5 in einem Dasein, wo das Beste noch Stückwerk bleibt, wo jeder
Zweck immer wieder Mittel wird, um dem noch gänzlich unsich-
tigen, ja an und für sich selbst noch unvorhandenen Grundziel,
Endziel zu dienen. […]
  Der Mensch lebt noch überall in der Vorgeschichte, ja alles und
10 jedes steht noch vor Erschaffung der Welt, als einer rechten. *Die
wirkliche Genesis ist nicht am Anfang, sondern am Ende*, und sie
beginnt erst anzufangen, wenn Gesellschaft und Dasein radikal
werden, das heißt sich an der Wurzel fassen. Die Wurzel der Ge-
schichte aber ist der arbeitende, schaffende, die Gegebenheiten
15 umbildende und überholende Mensch. Hat er sich erfasst und das
Seine ohne Entäußerung und Entfremdung in realer Demokratie
begründet, so entsteht in der Welt etwas, das allen in die Kindheit
scheint und worin noch niemand war: Heimat.

*Ernst Bloch: Das Prinzip Hoffnung. Band 3. Suhrkamp Verlag, Frankfurt/M. 1959,
S. 1628.*

Kurzbiografien

Rose Ausländer (eigtl. Rosalie A., geb. Scherzer)
* 11.05.1901 in Czernowitz (Bukowina), † 03.01.1988 in Düsseldorf
Die Lyrikerin jüd. Herkunft wanderte, nach einem Literatur- und Philosophiestudium, 1921 in die USA aus und kehrte 1931 in ihre (ab 1918 rumän.) Heimatstadt zurück. Nach Essays über Platon, Spinoza und Freud erschien 1939 ihr erster Gedichtband: *Der Regenbogen*. Die Naziherrschaft in der Ukraine (1941–1944) überlebte sie mit ihrer schwerkranken Mutter „im Kellerversteck". 1946–1963 lebte sie erneut in den USA, 1965 ließ sie sich in Düsseldorf nieder. Freundschaft verband sie mit Celan, dem sie 1944 in Czernowitz und 1957 in Paris begegnete. Ein Grundthema ihrer in freien Rhythmen gestalteten Gedichte ist die Überwindung der traumatisch erfahrenen Heimatlosigkeit („Mein Vaterland ist tot / sie haben es begraben / im Feuer / / Ich lebe / in meinem Mutterland / Wort", *Mutterland*). Zu ihren Auszeichnungen gehören die Roswitha-Gedenkmedaille 1980 und der Literaturpreis der Bayer. Akademie der Schönen Künste 1984.

Wolf Biermann
geboren am 15.11.1936 in Hamburg, stammt aus einer traditionell kommunistischen Familie; sein jüdischer Vater wurde 1942 im Konzentrationslager Auschwitz ermordet. Biermann übersiedelte 1953 in die DDR, studierte dort zunächst politische Ökonomie und von 1959 bis 1963 Philosophie und Mathematik. Der Liedermacher Biermann, der 1960 zu komponieren und zu schreiben begann, erhielt 1963 sein erstes Auftrittsverbot. Gleichzeitig wurde er aus der SED ausgeschlossen. 1965 wurde ein generelles Auftritts-, Veröffentlichungs- und Ausreiseverbot ausgesprochen. Im November 1976 wurde er während einer Konzertreise durch die BRD ausgebürgert. Dies zog heftige Solidaritätsproteste einer großen Zahl von Intellektuellen in der DDR und in der BRD nach sich. Biermanns Selbstverständnis als Bürger beider deutscher Staaten führte zu einer für viele Beobachter unverständlichen Kritik an beiden Staaten und zu einer gespaltenen Beurteilung der

nationalen Identität. Diese politische Haltung, wird in dem Werk „Deutschland. Ein Wintermärchen" (1972) besonders deutlich. Mit dem Büchner-Preis (1991) und dem Heinrich-Heine-Preis (1994) wurden seine poetische Eigenständigkeit und sein politisch-kritischer „Eigensinn" gleichermaßen gewürdigt.

Bertolt Brecht

geboren am 10.02.1898 in Augsburg, wurde Bertolt Brecht Ende 1918 – kurze Zeit nach seinem Studienbeginn – Sanitätssoldat. In diese Zeit fallen Kontakte zum Augsburger Arbeiter- und Soldatenrat und zur USPD. Seit 1924 lebte er in Berlin, wo er enge Beziehungen zur literarischen Szene und zum Theater aufnahm. Nach dramaturgischer Tätigkeit in München und Berlin kommt 1922 sein Stück „Trommeln in der Nacht" erstmals zur Aufführung (München). Es folgt die erste Buchpublikation („Baal"). Ab 1926 hatte Brecht verstärkten Kontakt zu marxistischen Theoretikern, 1928 wird die „Dreigroschenoper" zum größten Theatererfolg der Weimarer Republik. Am 28.02.1933, unmittelbar nach dem Reichstagsbrand, verließ Brecht mit seiner Frau Helene Weigel und seinem Sohn Berlin. Seine Emigration führte ihn über Prag, Wien, Zürich, Paris und Dänemark nach Schweden und schließlich 1941 in die USA nach Santa Monica. Nach einem Verhör vor dem „Committee of Unamerican Activities" flog er am 31.10.1947 nach Paris. Nach einem längeren Aufenthalt in Zürich übersiedelte er 1949 nach Ostberlin. Seine intensive Theaterarbeit wurde durch gelegentliche Spannungen mit der SED bzw. mit der Kultusbürokratie beeinträchtigt. Er verstarb am 14.08.1956 an einem Herzinfarkt.

Brecht hat Zeit seines Lebens die Absicht verfolgt, mit Hilfe seiner literarischen Produktion in gesellschaftliche und politische Verhältnisse einzugreifen. Seine Vorstellungen von einer proletarischen Revolution im marxistisch-leninistischen Sinne zielten in wesentlichen Teilen auch auf eine Befreiung der nicht-ökonomischen, kulturellen Produktivkräfte ab. Seit längerem wird Brecht auch als Autor eines umfangreichen lyrischen Werks, von der „Hauspostille" (1927) bis zu den „Buckower Elegien" (1953), geschätzt und als einer der bedeutendsten deutschen Lyriker gewürdigt.

Domin, Hilde (verh. Palm)
* 27.07.1909 in Köln
Die Tochter eines Rechtsanwalts schloss ihr Studium 1935 mit einer Dissertation über Staatsgeschichte der Renaissance in Florenz ab.
1932 ging sie über Italien und England ins Exil.
Sie arbeitete 1940–1954 in der Dominikanischen Republik als Sprachlehrerin und Dozentin für Deutsch. In Anlehnung an diesen Aufenthalt hat sie den Namen „Domin" angenommen.
Sie lebt seit 1961 in Heidelberg. 1992 erhielt sie den Hölderlin-Preis. Als Lyrikerin setzte sich Domin mit der Erfahrung des Exils, mit Inhumanität und Konformismus auseinander.

Heinrich Heine (bis 1825 Harry H.)
* 13.12.1797 in Düsseldorf, † 17.02.1856 in Paris
Kein anderer dt. Schriftsteller ist nicht allein zu Lebzeiten, sondern über den Tod hinaus mit derart beharrlichem Hass verfolgt worden wie Heine, sei es im Zeichen des Antisemitismus, des Nationalismus, sei es im Zeichen der Verteidigung von Sitte und Anstand, des religiösen Empfindens oder der Würde der Kunst.
  Der Sohn eines jüd. Textilkaufmanns besuchte 1810–1814 das Lyzeum in Düsseldorf und war 1815/16 Bankvolontär in Frankfurt a. M. und Hamburg. 1817 veröffentlichte er erste Gedichte. Sein 1818 vom Onkel Salomon Heine eingerichtetes Manufakturwarengeschäft musste im folgenden Jahr liquidieren. Der Onkel erklärte sich nun bereit, ein Studium zu finanzieren, das Heine 1819 in Bonn begann (Jura, Geschichte, Literatur), 1820 in Göttingen (Relegierung wegen einer Duellaffäre) und 1821 in Berlin fortsetzte. 1831 übersiedelte Heine nach Paris. Hier war er als Korrespondent der Augsburger Allgemeinen Zeitung tätig.
  1835 verbot der Bundestag seine Schriften. Unter anderem wegen dieser politischen Schwierigkeiten besuchte er Deutsch-

land nur noch 1843 und 1844. Der Schwerpunkt seiner Arbeit lag auf der gegenseitigen Vermittlung von deutscher und französischer Kultur.

Seit 1841 war er mit Créscence Eugenie („Mathilde") Mirat verheiratet. Heine litt seit Beginn der 40er-Jahre an myatropischer Lateralsklerose, so dass er die letzten acht Lebensjahre unter großen Schmerzen und bei fortschreitender Lähmung an das Krankenlager, seine „Matratzengruft" gefesselt war.
Er starb am 17.02.1856 in Paris.

Peter Huchel

wurde am 03.04.1903 in Berlin geboren. Er wuchs in der noch vorindustriellen Welt des großelterlichen Bauernhofs auf. Nach Literatur- und Philosophiestudium in Berlin, Wien und Freiburg schloss er Freundschaften in links-jüdischen Kreisen (E. Bloch, A. Kantorowicz). Schon 1931 durchschaute er in der Prosa-Studie über einen NS-Mitläufer, „Im Jahre 1930", das Nazi-Regime. Seinen ersten Gedichtband, „Der Knabenteich", zog er Anfang 1933 kurz vor Drucklegung zurück. Bis zu seiner Einberufung zu einer Flak-Einheit wohnte er in Langerwisch bei Potsdam. Nach Kriegsende arbeitete er zunächst für den (Ost-)Berliner Rundfunk und übernahm 1949 auf Wunsch Johannes R. Bechers die Redaktion der Kulturzeitschrift „Sinn und Form", mit der er eine gesamtdeutsche Leserschaft an die internationale Moderne heranführte. Nach heftigen Attacken seitens der SED musste er den Redaktionsposten 1962 aufgeben. Seine Gedichtbände „Chausseen Chausseen" (1963) sowie „Sternenreuse" (1967) konnten nur im Westen erscheinen. 1971 erfolgte die Ausreise in die BRD. In seinen Gedichten ist die Landschaft zwar wesentliches Element, jedoch nicht als unberührter Fluchtraum, vielmehr auch als Ort sozialer wie politischer Konflikte.
Peter Huchel starb am 30.04.1981 in Staufen im Breisgau.

Inhaltsverzeichnis

Die Autoren und ihre Gedichte

Bildquellenverzeichnis

S. 12: *Archiv für Kunst und Geschichte Berlin*
S. 74: *ARTOTHEK, Collection de Menil, Houston*
S. 75: *Staatsgalerie Stuttgart, Graphische Sammlung*
S. 76: *ARTOTHEK, Museum of Modern Art, New York*

Nicht in allen Fällen war es uns möglich, den uns bekannten Rechteinhaber ausfindig zu machen. Berechtigte Ansprüche werden selbstverständlich im Rahmen der üblichen Vereinbarungen abgegolten.